우리 아이
첫 영어

우리 아이 첫 영어

초판 1쇄 인쇄　2021년 6월 30일
초판 1쇄 발행　2021년 7월 10일

지은이 정진현

펴낸이 우세웅
책임편집 이양이
기획편집 박관수 한희진
콘텐츠기획·홍보 박서영
북디자인 이유진

종이 앤페이퍼
인쇄 (주)다온피앤피

펴낸곳 슬로디미디어그룹
신고번호 제25100-2017-000035호
신고년월일 2017년 6월 13일
주소 서울특별시 마포구 월드컵북로 400, 상암동 서울산업진흥원(문화콘텐츠센터)5층 20호

전화 02)493-7780 | **팩스** 0303)3442-7780
전자우편 slody925@gmail.com (원고투고·사업제휴)
홈페이지 slodymedia.modoo.at | **블로그** slodymedia.xyz
페이스북·인스타그램 slodymedia

ISBN 979-11-88977-98-7 (03370)

※ 이 책은 슬로디미디어와 저작권자의 계약에 따라 발행한 것으로 본사의 허락 없이는 무단 전재와 복제를 금하며, 이 책 내용의 전부 또는 일부를 사용하려면 반드시 저작권자와 슬로디미디어의 서면 동의를 받아야 합니다.
※ 잘못된 책은 구입하신 서점에서 교환해 드립니다.

★ 하루 한 편 그림책과 영상으로 시작하는 ★

우리 아이 첫 영어

정진현 지음

설렘

프롤로그
우리 아이 영어 교육의 목표

　지금 이 책을 읽으시는 분들은 모두 자녀의 영어에 관심이 많으신 분들일 거예요. 영어가 인생을 살아가는 데 얼마나 큰 힘이 되는지 잘 알고 계신 거죠. 우리 아이가 영어를 정말 잘했으면 좋겠다는 것은 모든 부모의 바람일 겁니다. 그런데 영어를 잘하기 위해서는 먼저 목적지를 분명히 할 필요가 있습니다. 어디로 가야 하는지 알아야 흔들리지 않고 갈 수 있으니까요. 그럼 우리 아이 영어의 목적지는 어디일까요? 가장 기본적인 목표는 영어로 막힘없이 소통하는 것이고 두 번째는 그 실력을 꾸준히 유지하는 일일 겁니다.

　영어로 막힘없이 소통하기 위해서는 어느 정도로 영어를 구사해야 할까요? 우선 상대방이 하는 말을 듣고 이해할 수 있어야 하고, 자신이 하고 싶은 말도 능숙하게 표현할 수 있어야합니다. 일반적으로 듣기와 읽기를 '이해 영역', 말하기와 쓰기를 '표현 영역'이라고 합니다. 원활한 의사소통을 위해서는 우선 '이해'가 선행되어야 하고, 그 다음이 '표현'입니다. 사실 말하기와 쓰기 같은 표현 영역은 영어 실력뿐만 아니라 그 속에 담아 낼 생각도 필요합니다. 그래서 아이가 어느 정도 성장하는 것도 필요하지요. 그때까지는 우선 듣기와 읽기로 생각을 담을 그릇을 부단히 키워 놓아야 합니다. 그럼 말하기와 쓰기는 크게 힘들이지 않고도 충분히 이루어 낼 수 있습니다.

이 책에서는 듣기와 읽기를 통해 이해 영역의 실력을 쌓는 것을 우선으로 하고 있습니다. 바로 책 읽기와 영상 보기로 말이지요. 듣기와 읽기로 아이의 영어 그릇을 키워내는 것은 영어의 '인풋(input)'을 채우는 것으로 부지런히 인풋을 쌓으며 그릇을 키워 나가야 합니다. 이때 부모의 노력이 반드시 필요합니다. 교육의 시작은 가정이라는 말이 있듯이 부모로서 우리는 아이의 영어 밑그림을 섬세하게 그려 주어야 합니다. 아직 어린아이가 스스로 무언가를 해낼 수 있는 시기가 아니기 때문에 부모가 옆에서 잘 이끌어 주고 바탕을 만들어 주어야 하는 것이죠.

우리 세대는 영어를 중학생 때부터 어쩌면 더 일찍부터 공부했지만 지금도 자유롭지 못한 것이 현실입니다. 그래서 우리 아이만큼은 영어 때문에 고생하지 않기를 바랍니다. 영어를 잘한다는 것이 얼마나 편리하고 유리한 것인지 몸소 겪어왔기 때문이죠. 영어가 지금 시대를 살아가는 데 중요한 능력 중 하나인 것은 틀림없는 사실이니까요. 그런 면에서 영어는 목적이라기보다는 수단에 가깝습니다. 영어를 잘하면 많은 기회를 누릴 수 있고 원하는 정보도 제약 없이 접할 수 있습니다. 전 세계 웹페이지의 60% 이상이 영어로 되어 있다고 합니다. 그 외에 다른 언어들은 대부분 5% 미만이고요. 과학과 같은 특정 분야에서의 영어 비중은 더욱 높습니다. 정보를 자유자재로 접하는 데 영어가 아주 중요한 역할을 하는 것이죠.

영어가 이렇게 유용한 수단으로 작용하려면 아이의 영어를 최대치로 끌어올려야 합니다. 가능하면 초등 저학년 시기가 끝나기 전까지 열심히 달리는 것이 좋습니다. 초등 고학년이 되면 수학, 사회, 과학 등 아이가 해야 할 공부가 점점 더 많아지기 때문에 영어 인풋을 왕창 쏟아 부을 시간적 여유가 없어집니다. 아웃풋을 위한 임계치에 도달하려면 차고 넘칠 만큼 인풋을 쌓는 게 필요한데 이건 사교육으로도 채워주는 데 한계가 있습니다. 그러니 아이의 영어에 좀 더 일찍 자유를 주기 위해서는 부모가 아이의 영어 인풋을 최대한 쌓아줘야 합니다.

그런데 어렵게 한껏 끌어올린 영어 실력을 계속 유지하는 것도 쉽지는 않습니다. 언어는 끊임없이 공부해야 하고 오랫동안 사용하지 않으면 금방 실력이 떨어지기 때문이죠. 인풋을 왕창 쏟아 붓던 때만큼은 아니더라도 꾸준히 시간을 내서 영어 실력을 유지해야 합니다. 그런데 해가 갈수록 해야 할 공부가 늘어나는데 영어에 눈 돌릴 여유가 있을까요? 영어가 '습관'이 되면 가능합니다. 이 책에서 강조하는 영어 책 읽기와 영상 보기가 아이의 습관으로 자리 잡으면 되는 것이죠.

영어가 습관으로 자리 잡기 위해서 '재미'는 필수적인 요소입니다. 재미가 있으면 꾸준히 할 수 있고 꾸준히 하다 보면 습관이 됩니다. 습관이란 게 특별한 것이 아닙니다. 작은 것부터 부담 없이 반복하다 보면 자연스레 자리 잡게 되는 것이니까요. 습관을 만드는 것은 책 읽기와 영상 보기의 핵심이기도 합니다. 습관이 되면 아이는 책을 읽고 영상을 보는 수단이 영어라는 것을 의식하지 않고 즐길 수 있습니다. 언어에 얽매이지 않게 되는 것이죠. 그렇게 되기까지 엄마아빠는 아이에게 책 읽기와 영상 보기가 즐거운 활동이 되도록 만들어 주어야 합니다. 아이들은 재미있으면 시키지 않아도 먼저 합니다.

서울대 소아정신과 김붕년 교수는 아이들이 13~17세인 청소년 시기가 되면 뇌에서 필요 없는 것들을 솎아내기 시작한다고 합니다. 어릴 때 한 경험 중에서 무의미하다고 여겨지는 것들은 신경세포나 신경회로가 사라지게 된다는 것이죠. 영어도 의미 있는 경험으로 자리 잡아야 오랫동안 지속할 수 있는 셈입니다. 따라서 부모는 아이가 영어를 통해 풍부한 경험을 할 수 있게 만들어 주어야 합니다. 즐겁게 영어를 받아들인 경험은 오랫동안 남아 있게 되고, 그 힘으로 영어를 끊임없이 해 나가게 되는 것입니다.

이 책은 제가 제 아이의 영어 교육을 고민하며 그동안의 교육 노하우와 정보를 정리한 것입니다. 영어 습득의 가장 기본적인 원칙을 중심으로 영어 습득 과정에 유용한 정보들을 단계별로 담았습니다. 혼자 보기에는 아까운 알짜 정보를 공유하여 자녀의 영어로 고민하는 많은 부모들에게 도움이 되기를 간절히 바랍니다.

차례

프롤로그 우리 아이 영어 교육의 목표 ⋯ 4

1부
우리 아이 영어 어떻게 시작해야 할까?

우리 아이 영어 공부의 원칙: 자연스러운 습득으로 충분한 인풋 쌓기 ⋯ 15
효과적인 영어 공부 방법 ①: 영어책 읽기 ⋯ 21
효과적인 영어 공부 방법 ②: 영어 영상 보기 ⋯ 26
영어는 장기전이다 ⋯ 30
영어를 잘하려면 한국어 실력은 기본이다 ⋯ 35
재미가 있어야 영어 실력이 는다 ⋯ 38

2부
영어책 읽기로 영어에 눈뜨기

책 읽기의 준비 단계 ⋯ 45
영어 시작은 빠를수록 좋다 ⋯ 49
책 읽기 환경을 만들어야 아이가 책과 함께 놀기 시작한다 ⋯ 55
영어책 읽어주기는 정서 발달, 언어 발달, 두뇌 발달에 좋다 ⋯ 60
그림책, 촉감책, 문장이 반복되는 책을 준비하자 ⋯ 65

Q&A —— 아이에게 영어로 말 걸기, 꼭 해야 하나요? ⋯ 75

1단계 영어 그림책 읽어주기

영어 그림책, 왜 중요할까? … 79
영어 그림책 읽어주는 방법 … 83
그림과 글이 일치하는 재미있고 쉬운 그림책 보여주기 … 88
그림책 구입하는 방법 … 97

Q&A ── 영어책 거부하는 아이, 어떻게 해야 하나요? … 101

2단계 영어책 함께 읽기

아이와 함께 읽는 영어책 … 104
함께 읽기는 문장을 나눠 읽거나 한 문장씩 주고받으며 읽는 것이다 … 109
파닉스는 짧고 굵게 배우고, 책 읽기와 영상 보기로 마무리한다 … 114
간단히 읽을 수 있는 쉬운 책이 좋다 … 118

Q&A ── 독후 활동, 꼭 해야 하나요? … 127

3단계 소리 내어 읽기

소리 내어 읽기가 왜 중요할까? … 130
소리 내어 읽기를 실천하는 방법 … 134
수준에 맞는 쉽고 재미있는 책을 고르자 … 138
유명 수상작도 놓치지 말자 … 143
그림책+리더스북 … 147

Q&A ── 전집과 단행본, 어떤 것이 더 효과적일까요? … 158

4단계 읽기 독립을 향해

정독과 다독은 모두 중요하며, 정독에서 다독으로 넘어가야 한다 … 161
읽기 독립은 읽기 과정이 자동화 되었을 때 가능하다 … 167
핵심은 충분히 읽고 또 읽기 … 170
대표적인 리딩 레벨 알아보기 … 174
쉬운 챕터북부터 도전한다 … 179

Q&A ── 내 아이, 잘 하고 있는 걸까요? … 192

3부
영어 영상으로 귀가 트인다

영어 영상 보기는 만 2세부터 시작하자 ⋯ 197
영어 동요를 들으면서 영어 소리에 익숙해져야 한다 ⋯ 203
아이의 영상 보기는 부모의 가이드가 중요하다 ⋯ 208
영상 보기에 효과적인 기기와 서비스 ⋯ 213
아이가 재미있어 하는 영상이 최고다 ⋯ 220

1단계 아이와 함께 영상 보기

부모는 아이와 함께 영상을 봐야 한다 ⋯ 223
영어 영상 사이트에서 영상 찾기 ⋯ 229

Q&A — 영상을 잘 이해하고 있는 것인지 걱정이 돼요 ⋯ 235

2단계 영어 영상에 푹 빠지기

아이가 좋아하는 캐릭터로 파닉스도 깨우친다 ⋯ 237
아이에게 추천하는 영상과 사이트 찾기 ⋯ 243

Q&A — 영어 영상 거부하는 아이, 어떻게 하면 좋을까요? ⋯ 246

3단계　영어 아웃풋 만들기

따라 말하기로 억양과 강세 익히기 … 248
엄마의 칭찬이 아이의 아웃풋을 만든다 … 253
아이에게 추천하는 영상과 사이트 찾기 … 256

Q&A —— 영어 영상에만 빠진 아이, 어떻게 하면 좋을까요? … 260

4단계　영상 보기 독립을 향해

관심 주제를 영어로 배울 수 있게 하자 … 262
유튜브도 잘 활용하면 명약이 된다 … 266
아이에게 추천하는 영상과 사이트 찾기 … 269

1부

우리 아이 영어 어떻게 시작해야 할까?

우리 아이 영어 공부의 원칙:
자연스러운 습득으로
충분한 인풋 쌓기

요즘 엄마표 영어가 대세이다. 시중에 출판된 엄마표 영어책만 해도 종류가 매우 다양하다. 이 책들을 통해 저자의 아이들이 어떻게 영어를 익히고 잘하게 되었는지 노하우를 얻을 수 있다. 그런데 한 가지 꼭 기억해야 할 것이 있다. 아이의 성향은 모두 다르기 때문에 획일화된 과정을 따르게 할 수 없다는 것이다. 다른 집의 성공담을 쫓아 내 아이에게 그대로 적용하다 보면 분명히 부작용이 따르게 마련이다. 무수한 엄마표 영어의 성공담에서 배워야 할 것은 나도 이렇게 똑같이 해야겠다는 결심이 아니다. 가장 기본적이고 확실한 공통 원칙을 이해하고 내 아이의 성향에 맞게 적용하는 것이다. 여기서 꼭 지켜야 하는 원칙은 무엇일까?

그것은 바로 '학습'이 아니라 '습득'으로 영어에 접근하는 것이다.

아이가 처음 말을 내뱉기까지 그 과정을 살펴보면 부모는 아이에게 끊임없이 말을 걸고 또 아이는 이 말을 충분히 듣게 된다. 즉, 충분히 듣고 난 후 입주변의 근육들이 말을 할 준비가 되었다면 드디어 첫 마디를 내뱉게 되는 것이다. 이처럼 영어도 모국어를 습득하듯이 배우는 것이 가장 이상적이다. 물론 언어를 배우기에 최적기라고 일컫는 유·초등 시기가 지나서 중·고등학생에게 이렇게 영어를 가르친다면 어려움이 따를 것이다. 하지만 지금 내 아이는 영어를 습득할 수 있는 시간적 여유가 충분하다. 거꾸로 말하지만 지금은 언어를 '학습'으로 실천하기도 어려운 나이이기도 하다.

물론 현실적으로 한국에서 영어를 모국어처럼 습득하는 것은 한계가 있다. 모국어는 일반적으로 '듣기→말하기→읽기→쓰기'의 순서로 습득하게 된다. 하지만 영어권에 살거나 부모가 원어민이 아닌 이상 현실적으로 원어민과 같은 순서로 언어를 배우기는 어렵다. 그래서 조금 수정을 해보면 '듣기→읽기→말하기→쓰기'의 순서로 습득하는 것이 현실적인 대안이다. 듣기와 읽기로 충분한 인풋이 쌓이면 말하기와 쓰기로 아웃풋이 나온다. 앞으로도 여러 번 강조하겠지만 인풋이 차고 넘치면 아웃풋은 아주 적은 노력으로도 나올 수 있다.

무엇보다 말하기는 다른 영역보다 사용 환경에 영향을 받는 영역이다. 미국의 오바마 前 대통령은 어린 시절 인도네시아에서 생활을 했지만 이 언어를 잘하지는 못한다고 한다. 사실 나도 장기간 외국에서 생활을 했지만 한국에 돌아온 뒤 가장 먼저 퇴보한 것이 말하기였다. "Use it or lose it(사용하지 않으면 잃는다.)." 그러니 말하기는 현실적으로 정말 필요할 때, 가능할 때 해도 늦지 않다. 그 전까지는 충분히 인풋을 쌓고 말하기를 위한 훈련만 해두어도 충분하다.

　인풋을 어떻게 쌓아야 할까? 서울대 영어교육과 이병민 교수는 원어민 수준의 영어를 구사하려면 총 11,860시간이 필요하다고 말한다. 이 시간은 원어민이 모국어에 도달하는 만 4세를 기준으로 한 것으로, 계산해 보면 하루에 8시간씩 영어에 노출된다고 가정했을 때 4년이 걸리는 셈이다. 현실적으로 우리나라에서 이렇게까지 하는 일은 힘든 일이다. 그렇다면 포기하라는 말인가? 그만큼 노출이 되어야 한다는 말로 이해하면 쉽다. 최대한 즐겁게 인풋을 쌓으면 그다음은 아이가 알아서 할 것이다. 어차피 언어는 평생 공부이다. 영어를 잘한다고 해도 더 잘하기 위해서 끊임없이 노력해야 하니 말이다.

　영어의 인풋을 쌓는 가장 좋은 방법은 자연스러운 노출이다. 그래서 원서 읽기와 영상물 시청이 가장 좋은 방법으로 꼽힌다. 재미있는 이야기로 똘똘 뭉친 책과 영상이야말로 아이를 가장 오랫동안 영어에 노출시킬 수 있는 최고의 방법이다. 모국어처럼 영어를 습득하기 위해서는 문법이나 단어 공부는 최대한 늦게 시작해도 된다. 문장의 구조와 법칙, 단어 암기는 말 그대로 학습이기 때문에 적정 연령이 있다. 쉽게 말해 같은 내용을 배우더라도 6세와 8세의 이해력은 차이가 크다. 아이가 학습할 수 있는 연령이 될 때까지는 영어를 자연스럽게 접하는 것이 중요하다.

　그런데 처음부터 문법을 공부하고 단어를 암기하며 인풋을 쌓는

다면 그 양은 절대적으로 부족하다. 무조건 처음에는 듣기로 인풋을 쌓게 해주고, 영어 그림책 읽기도 시작은 듣기이다. 문자를 모르는 아이가 책을 읽기 위해서는 부모가 먼저 읽어줘야 하기 때문이다. 영어 그림책과 영상을 충분히 들은 뒤 적정 연령이 되면 문자를 익히고 읽으면 된다. 이렇게 하면 취학 후 학습으로 영어를 접하더라도 훨씬 더 쉽게 잘 받아들일 수 있다. 특히 문법은 학습이 아니라 습득으로 배워야 더 잘 이해할 수 있다.

학교에서 문법을 배우는 것은 이미 알고 있는 내용을 학교 영어에 맞게 정리하는 것 뿐이다. 무엇보다 문장을 익히지 않고 배우는 문법은 반쪽짜리에 불과하기 때문에 일상생활에서 활용도가 떨어진다. 예를 들어 보면 '보다'를 영어로 표현하려면 'look'이나 'see'를 떠올린다. 하지만 단어의 뜻과 문맥상의 의미는 다르다. 같은 '보다'라고 해도 'see'는 의도하지 않았지만 자연스럽게 어떤 것을 볼 수 있을 때 사용하며, 'look'은 눈으로 무언가를 알아차리며 본다는 뜻이다. 예문을 살펴보자.

If you look carefully, you can see a dot.
(자세히 보면 점을 하나 볼 수 있어.)

한국어로 같은 의미라고 해서 동일하게 사용한다면 굉장히 어색한 표현이 될 수 있다. 영어에는 이런 유의어가 굉장히 많다.

connect vs link / repair vs fix / fast vs quick / ……

우리가 아는 쉬운 단어이지만 이 두 단어의 차이를 설명하기란 쉽지 않다. 그러니 맥락을 통해 영어를 배우는 것이 무엇보다 중요하다.

나는 대학교에서 학생들을 가르치며 한국어를 공부하는 외국인 유학생을 많이 본다. 간혹 공부 방법이 잘못되어서 학습 효과가 떨어지는 안타까운 학생을 만나기도 한다. 이 학생들의 특징은 단어와 문법의 의미를 일대일로만 외우려고 한다는 것이다. 언어는 수학 공식이 아니다. 이렇게 학습하면 단어나 문법 지식은 많을지 몰라도 말하기, 쓰기는 어색해질 수 있다. 한 학생의 노트를 본 적이 있다. 'V ~을 거예요'를 '의지/계획'으로, 'V ~을게요.'도 '의지/계획'으로 정리를 했다.

A: 내일 몇 시에 출발할까요?
B: 제가 전화할 거예요. (△) / 제가 전화할게요. (O)

아마 그 외국인 학생은 이런 오류를 저지르기 쉬울 것이다. 아마 우리나라 사람이라면 이 문장이 어색하다고 느낄 테지만 외국인이 알아차리기는 힘들다. 결국 차이는 맥락 속에서 익히지 않으면 이해하기 어렵다. 그러니 아이도 반드시 맥락 속에서 영어를 익힐 수 있도록 도와줘야 한다. 수준에 맞는 영어책과 영상으로 노출하면 된다.

결국 영어 습득의 원칙이란 듣기부터 자연스러운 노출로 충분한 인풋을 쌓는 것이다. 그리고 아이에게 가장 효과적인 방법을 찾아서 적용하면 된다. (가장 검증되고 효과적인 방법은 영어책 읽기와 영상물 시청이다. 이 이야기는 다음 장에서 더 자세히 다룬다.) 아이가 듣기부터 영어를 자연스럽게 접하게 되면 그 어떤 학습보다 효과적이고 생생하게 자리를 잡을 것이다. 듣기에서 읽기로 차근차근 나아가면서 충분히 인풋을 쌓으면 된다. 가정에서는 이것만 해줘도 충분하다.

효과적인 영어 공부 방법 ①: 영어책 읽기

시대에 따라 여러 교육법이 유행하고 사라졌다. 하지만 그 속에서 많은 사람들에게 효과적인 방법이라고 인정받은 것이 바로 책 읽기이다. 책 읽기는 동서고금을 막론하고 그 중요성을 모르는 사람이 없다. 지식 습득뿐만 아니라 자기계발이나 마음 수양에도 도움이 된다. 책 읽기는 언어를 습득하는 방법으로도 매우 효과적이다. 어린아이에게도 책 읽기는 가장 기본적이면서도 즐겁게 영어를 습득할 수 있는 최고의 방법이다.

영어 습득을 위해서는 충분한 인풋을 쌓아야 한다. 그런데 영어가 모국어가 아닌 우리나라에서 어떻게 충분한 인풋을 쌓을 수 있을까? 사교육을 통해서는 영어를 접하는 시간에 한계가 있다. 온종일 원어민 선생님과 함께 있을 수 있는 게 아니지 않나. 그래서 우리나라에서도 충분한 인풋을 쌓을 수 있는 방법이 바로 책 읽기이다. (물론 영상 노출도 포함한다.) 영어책 읽기를 통해 즐겁게 영어를 습득할 수 있고 결과적으로 원어민 수업보다 더 큰 효과를 얻을 수 있다. 영어 그림책 한 권이 영어 교재보다 훨씬 실제적이고 생생한 영어를 접할 수 있기 때문이다.

책 한 권을 통해 접할 수 있는 단어와 표현은 많다. 세계적인 언어학자 스티븐 크라센(Stephen Krashen)의 《크라센의 읽기 혁명》에서는 대화나 TV를 통해 접하는 단어의 95%는 원어민이 자주 사용하는 5,000개의 단어 내에 포함되어 있다고 한다. 하지만 책을 포함한 인쇄물은 흔하지 않은 단어를 훨씬 많이 포함하고 있다고 한다. (흔하게 쓰는 단어도 물론 포함하고 있다.) 영어 회화 수업으로 접할 수 있는 영어 단어보다 훨씬 더 많은 셈이다. 그 많은 단어들은 이야기를 통해서 아이의 머릿속에 차곡차곡 쌓인다. 기본적으로 사람의 두뇌는 이야기를 좋아한다. 단어장을 들고 외운 것보다 훨씬 더 오랫동안 남아 있을 수 있다.

책 속의 영어는 모두 맥락을 통해서 제시된다는 특징이 있다. 구체적인 상황 속에서 영어를 익힐 수 있는 것이다. 문법이나 단어, 표현 등을 수학 공식처럼 외운 것과는 차이가 있다. 단어만 하나 똑 떼어서 공부한 것이 아니기 때문에 쓰임을 더 정확하게 이해할 수 있게 된다. 말하기와 쓰기로 아웃풋이 나올 때도 더욱 자연스럽게 활용할 수 있다. 모르는 단어를 만났을 때도 마찬가지이다. 책을 읽다가 모르는 단어가 나와도 맥락의 도움을 받아 충분히 그 단어의 뜻을 유추

하거나 이해할 수 있다.

물론 이렇게 단어를 익힌 경우에는 단어의 의미를 우리나라 말로 정확하게 설명할 수 없을 지도 모른다. "이 단어는 한국어로 ○○야."라고 말할 수 없는 경우가 종종 생긴다. 하지만 영어 인풋을 쌓는 데는 전혀 상관없다. 아이는 이미 그 단어를 이해하고 적재적소에 사용할 수 있기 때문이다. 오히려 영어와 한국어를 머릿속에서 번역해가며 공부하는 것이 영어 습득에 더 좋지 않은 습관이다. 두 언어를 정확히 번역하고 싶다면 나중에 훈련으로도 충분히 할 수 있고 입시에 뛰어들게 되면 단어를 외우며 지겹도록 하게 될 수도 있다. 그러니 그동안은 영어를 책 속에서 자유롭게 느낄 수 있도록 해줘야 한다.

앞서 언급한 스티븐 크라센 교수도 자발적인 읽기(Free Voluntary Reading)가 유일한 언어 습득법이라고 말했다. 물론 책 읽기만으로 영어 습득이 다 해결된다고 할 수는 없다. 하지만 처음 영어를 접하는 어린아이가 영어의 바탕을 튼튼히 쌓는 데 큰 도움이 된다. 책 읽기로 기반을 잘 마련하면 다음 단계로의 도약이 쉽게 이루어질 수 있다. 책 읽기로 충분한 바탕을 만든 후에 다양한 활동을 통해 언어 수준을 확장시켜 주자. 그러기 위해서는 읽기를 꾸준히 해야 한다.

원래 언어 공부에는 끝이 없다. 잘하게 되었다고 그만 두어서도 안 되고 항상 더 잘하기 위해 노력해야 한다. 그게 아니더라도 그동안 쌓은 실력을 유지하기 위해서 영어를 꾸준히 접해야 한다. 이때 책 읽기야말로 영어를 지치지 않고 계속해서 공부하게 하는 원동력이 되어 줄 것이다. 책 읽기의 즐거움을 발견한 아이는 스스로 영어를 습득할 수 있다. 그래서 아이가 어릴수록 책에 흥미를 느낄 수 있게 만들어 주는 것이 중요하다. 일단 한번 좋아하는 책을 찾고 나면 그 책이 아이의 영어책 읽기 욕구를 자극해 줄 것이기 때문이다.

아이가 좋아하는 책을 찾는 것을 너무 어렵게 생각할 필요는 없다. 아이의 취향에 맞게 각종 보드북, 플랩북, 팝업북 등을 활용해서 영어책에 대한 흥미를 돋우면 된다. 그 이후에는 아이의 성향이나 좋아하는 주제에 따라 다양한 책을 골라서 보여줄 수 있다. 부모는 아이가 자신의 취향에 맞는 책을 발견할 수 있도록 끊임없이 책을 제공해 주기만 하면 된다. 부지런히 아이의 취향을 파악하고 책을 탐색하는 일부터 시작하자.

영어책 읽기에 푹 빠진 아이는 꾸준한 읽기를 하면서 영어를 습득할 수 있다. 독서가 습관이 되면 얻을 수 있는 이점이 정말 많다. 책 읽기는 단순히 종이에 쓰인 단어를 파악하는 과정이 아니라 맥락을 통해 단어와 문장을 이해하고 전체 주제를 파악하는 일이라는 것을 잊으면 안 된다. 이 과정을 제대로 해내지 못하면 단어와 문법은 알아도 주제가 무엇인지 알지 못하는 경우가 발생한다. 분명히 아는 단어인데 해석을 못하는 사태 말이다.

지속적인 책 읽기를 통해 영어를 맥락 속에서 읽고 이해하는 경험을 충분히 해야 한다. 그럼 충분한 인풋을 쌓을 수 있고 다양한 글을 이해하는 능력도 쌓을 수 있다. 청소년기에 접어들면 입시 영어를 준비해야 한다. 이때까지 지속적으로 원서 읽기를 해두었다면 입시는 비교적 아주 쉽게 해낼 수 있다. 수능 영어라는 것은 범위가 정해져 있는 것이 아니기 때문에 어떤 지문이 어떻게 나올지 모른다. 하지만 영어책을 꾸준히 읽은 아이는 어떤 지문이 나와도 막힘없이 읽을 수 있는 힘을 갖추게 된다. 이건 어릴 때부터 쌓아 온 힘이 비결임을 잊지 말자.

책 읽기를 통해 영어를 공부해야 하는 이유는 끝없이 이야기할 수 있다. 그만큼 효과적이고 중요한 영어 습득 방법이면서 누구나 손쉽게 실천할 수 있기도 하다. 영어책 읽기를 통해 충분히 인풋을 쌓으며 영어 실력을 키울 수 있다. 또한 독서 습관으로 독해력까지 키울 수 있다니 정말 일석이조인 셈이다. 무엇보다 언어에 구애를 받지 않고 얻은 지식의 확장은 사고력 향상에도 도움이 된다. 지금부터라도 시작해야 할 충분한 이유가 될 것이다.

효과적인 영어 공부 방법 ②: 영어 영상 보기

충분한 인풋을 쌓는 데 영상 시청만큼 좋은 게 없다. 그런데 영상이라고 하니 조금 꺼려지는 부모도 있을 것이다. 되도록이면 미디어 노출은 최대한 적게, 그리고 늦게 해주고 싶은 마음이니까. 그런데 미디어는 잘 활용하기만 해도 실보다 득이 많은 교육 매체이다. 특히 모국어처럼 영어를 습득하는 어린아이라면 더욱 그렇다. 영어의 시작은 '듣기'이다. 아직 글을 읽지 못하는 아이에게 부모가 영어 그림책을 읽어주고, 영어 동요를 들려주고, 또 영상물을 보여주는 것 자체가 모두 듣기로 인풋을 쌓는 방법이다. 글자를 읽기 시작했더라도 듣기는 영어 공부에서 빼놓을 수 없는 영역이다.

영상으로 영어를 접하면 귀가 열리게 된다. 귀가 열려야 영어의 소리를 받아들이고 이해할 수 있다. 소리 없이 문자로만 영어에 접근할 경우 실제로 영어를 들었을 때 한 마디도 알아듣기 힘들다. 말하지 못하는 영어를 살아 있는 영어라고 말할 수는 없을 것이다. 영어 성적은 정말 좋은데 영어로 말 한마디 못하는 경우를 주위에서 많이 본다. 영어 교육의 목표는 영어로 막힘없이 소통하는 것이기 때문에 문자와 소리 모두 받아들일 수 있어야 한다. 그리고 영어로 된 영상물 시청은 영어를 소리로 받아들이는 데 가장 효과적인 방법이다.

우선 영상은 재미있다. 아이의 흥미를 유발시킬 수 있기 때문에 지속적으로 영어에 노출시킬 수 있다. 원어민처럼 영어를 구사하기 위해서 1만 시간이 넘게 필요하다고 앞서 말했다. 현실적으로 이 시간을 채우기란 거의 불가능에 가깝다. 하지만 아이가 좋아하는 영상을 보는 것으로 영어에 최대한 노출시킬 수 있다. 이범 교육 평론가는 영어 실력은 그 사람이 경험한 영어의 총 노출 시간과 관련이 깊다고 이야기한다. 외국어를 배울 때 노출 시간이 부족한 것이 실력 부진의 원인일 때가 많다는 것이다. 책 읽기만 하는 것보다 영상도 함께 보는 것이 더 많은 인풋을 쌓을 수 있다.

집에서 아이들이 좋아하는 영어 영상물을 보여주면서 일상을 영어로 채워주자. 그 속에서 영어 노출량은 저절로 채워진다. 특히 영어를 거부하는 아이라면 영어 영상 보기가 더욱 효과를 발휘할 것이다. 일단 무슨 말인지 잘 몰라도 흥미로운 영상과 함께라면 영어에 대한 거부감을 줄일 수 있기 때문이다. 그리고 영상으로 귀가 트이면 영어책 읽기도 더 잘할 수 있다. 부모는 아이가 재미있게 볼만한 영상을 계속해서 제공해 주면서 같이 깔깔거리며 봐주기만 하면 된다.

영상 시청으로 영어를 접하면 상황을 통해 자연스럽게 영어를 이해할 수 있다. 영상을 보면서 듣는 것이 영어의 의미를 파악하는 데 매우 도움이 되기 때문이다. 옆에서 하나하나 설명하지 않아도 영상 속 상황이나 캐릭터의 표정, 행동을 보고 스스로 파악하는 것이다. 그래서 책 읽기도 처음에는 그림책으로 시작하는 것이 좋다. 전혀 이해하지 못하는 소리를 계속 들려준다고 생각해 보자. 의미 있는 인풋으로 쌓이지 않는다. 그림책과 영상처럼 이미지를 통해 지금 무엇을 이야기하는지 알고 있는 상태에서 인풋을 쌓는 게 효과적이다.

이 과정을 전문적으로 우연적 학습(incidental learning)이라고 말한다. 의도하지 않았지만 자연스럽게 학습이 일어나는 것이다. 즐겁게 영어 영상을 보다 보니 단어나 문법을 익히게 되는 경우가 여기에 해당한다. 물론 당장 시험을 준비해야 하는 수험생이라면 의도적인 학습(intentional learning)이 단시간 내에 더 효과적일 수도 있다. 그런데 그렇게 공부한 것의 지속력은 그리 길지 않다. 시험이 끝나면 깨끗하게 잊어 버리는 것처럼 말이다. 아이의 영어는 이제 시작이다. 충분히 즐기면서 자연스럽게 영어를 습득할 수 있도록 도와줘야 한다.

어떤 언어든 경험을 통해 자연스럽게 이해하는 것이 효과적이다. 실제로 BTS의 리더 RM은 미국 유명 토크쇼인 엘렌쇼(The Ellen DeGeneres Show)에서 자신의 유창한 영어 실력의 비결로 미드 프렌즈를 꼽았다. 또, 내 대학원 동기 중에도 우리말이 굉장히 유창한 중국 유학생이 있었는데 그도 한국 드라마만 보고 한국어를 배웠다고 했다. 물론 이들은 언어적 재능을 타고난 것도 있다. 하지만 영상 시청이 외국어를 익히는 데 충분한 교과서라는 것을 몸소 입증한 것이다.

크라센 교수도 적당히 TV를 시청하는 것은 제2언어 습득에 도움이 된다고 언급하고 있다. 너무 과하게 시청할 때만 부정적 영향을 미친다고 한다. TV를 통해 일상생활에서 나누는 대화를 유사하게 접할 수 있기 때문에 의사소통의 간접 경험을 할 수 있는 것이다. 실제 대화에서는 언어 외에도 표정이나 몸짓 같은 비언어적인 요소가 많이 포함되어 있다. 말투나 어조에 따라 뉘앙스가 달라지기도 하기 때문에 영상을 보면서 이런 다양한 언어 습관도 익힐 수 있다. 생생한 영어를 자연스럽게 체득할 수 있는 기회인 셈이다.

디지털 시대를 살아가는 아이들에게 너무 아날로그식 방법만 고집할 필요가 없다. 물론 미디어 노출은 적정 연령이 넘어서 시작할 필요가 있다. 스스로 통제할 수 있을 때까지는 규칙도 필요하다. 하지만 너무 과하게 제한하거나 두려워할 필요는 없다. 요즘 아이들은 궁금한 것이 생겼을 때 도서관이나 선생님을 찾아가는 세대가 아니다. 필요한 정보를 바로 유튜브나 웹으로 찾는다. 영어 영상물 시청은 디지털 시대에 정보를 접하는 중요한 첫걸음이 될 것이다.

영어는 장기전이다

　엄마표 영어라는 말처럼 부모에게 부담을 주는 말이 있을까? 엄마표 영어로 성공했다는 다른 집 아이의 이야기를 들으면 죄책감이 밀려온다. 막상 하려고 살펴보니 어디서부터 어떻게 해야 할지 모르겠고 이것도 저것도 해야 할 것 같은데 '과연 내가 할 수 있을까?'라는 생각에 곧 우울해진다. 그런데 그 전에 부모가 아이에게 해주어야 하는 역할을 명확히 할 필요가 있다. 엄마는 아이에게 영어를 가르치는 게 아니라 집에서 아이가 영어를 습득할 수 있는 환경을 만들어 주는 것이다. 장기전으로 정말 꾸준히.
　따지고 보면 부모 중에 영어 교육 전문가가 얼마나 될까? 단지 아이가 영어를 잘하기를 바라는 평범한 부모일 뿐이다. 그러니 부모가 가장 먼저 해야 할 일은 완벽한 부모가 되려는 강박을 버리는 것이다.

내가 할 수 있는 것부터 명확히 알고 난 뒤 시작하면 된다. 처음은 단순하게 계획을 세우는 것이 좋다. 어떻게 책을 읽어주고 영상을 보여줄 것인지 이 두 가지 정도면 충분하다. 사실 이것만 해도 쉽지 않다. 책과 영상을 아이 취향에 맞게 골라야 하고 아이가 잘 볼 수 있도록 구슬려야 하기 때문이다.

부모가 영어 전문가는 아니지만 아이에게만큼은 전문가라는 사실을 잊지 말고 아이가 좋아하는 것을 찾기 위해 부지런히 움직이고 우리 아이에게 맞게 적용하면 된다. 요즘은 각종 정보를 손쉽게 구할 수 있을 뿐만 아니라 오히려 정보가 넘쳐나서 선택하기 힘들 때가 많다. 그 속에서 아이에게 필요한 진짜 정보를 선택하기 위해 조금은 공부를 해야 한다. 전문가가 추천하는 영어 콘텐츠 목록도 살펴보고 블로그나 유튜브도 찾아보면서 말이다. 부모가 해야 할 것은 그걸로 충분하다. 계획을 세우고 필요한 정보를 찾아서 바로 실천하기.

진짜 중요한 것은 그 실천을 유지하는 꾸준함이다. 모두가 알고는 있지만 그만큼 지키기가 힘들다. 언어는 단기간에 정복할 수 있는 과목이 결코 아니다. 천천히 노출하는 것부터 시작해서 습관을 잡고 인풋을 왕창 쏟아붓는 것까지 최소 몇 년은 걸린다. 책 읽기와 영상물 시청을 스스로 할 수 있는 시기가 와도 끝이 아니다. 어쩌면 그때부터가 아이 영어 인생에 본격적인 시작이라고 할 수 있다. 여러 엄마표 영어의 성공 사례를 보면 과정은 다양하지만 비결은 하나라는 것을 알 수 있다. 바로 꾸준한 실천이다. 사실 어떤 길을 가든 그 정도의 끈기와 노력이면 성공할 수 있으리라 생각한다.

간혹 늦게 시작했다고 불안에 떠는 엄마가 있다. 늦게 시작한 것이 문제가 아니라 꾸준히 해나가는 일이 더 중요하다. 자녀 교육에 있어 가장 큰 걱정은 늦었다는 불안감이다. 엄마의 불안감은 아이에게 고스란히 전해져 아이에게 부담을 줄 수 있다. 영어 공부는 마라톤과 같아서 꾸준한 페이스를 유지하는 것이 중요하다. 한꺼번에 많은 단계를 뛰어넘으려고 하지 말고 지치게 만드는 요인도 제거해야 한다. 부모가 먼저 지쳐서 포기하면 아이의 영어 노출도 즉시 중단된다는 것을 명심하자.

아이의 원서 읽기나 영상물 시청이 습관이 될 때까지 욕심내지 말고 꾸준히 달리자. 아이가 어릴수록 습관을 잡는 것은 온전히 부모의 몫이다. 독서와 영상물 보기가 습관이 되면 인풋을 차고 넘치도록 채워주는 것이 훨씬 수월해진다. 그때도 마음을 놓을 수는 없다. 유아기 때 늦었다고 포기하면 안 되지만 잘한다고 우쭐해서도 안 된다. 영어가 모국어가 아닌 이상 지속적으로 해주지 않으면 아주 쉽게 실력이 떨어지기 때문이다. 멀리 장기전으로 생각해야 한다. 남들보다 잘한다고 생각되는 순간도 아직 결승점보다는 출발점에 가깝다.

습관화가 되었으면 그때부터 본격적으로 인풋을 한껏 쌓자. 인풋은 적당하다고 생각하는 것 이상으로 정말 충분히 쌓아야 한다. 많은 부모가 아이가 언제쯤이면 영어를 술술 읽고 말할 수 있을지 궁금해한다. 옆집 아이는 벌써 파닉스를 떼고 책 읽기를 시작했다고 하는데 내 아이는 갈 길이 멀어 보인다. 하지만 아직 이런 것들을 논할 때가 아니다. 언어 발달 그래프를 생각해 보자.

아이의 영어는 계단식으로 향상된다. 한 칸을 오르기까지 충분한 내공이 쌓여야 하는 것이다. 이 시간이 부모에게는 매우 고통스러운 시간으로 다가올 수 있다. 언제 이 시기가 끝나 훌쩍 도약할지 알 수 없기 때문이다. 하지만 포기하지 않고 잘 참고 기다려야 한다. 이때 잠시 주변 소식에 귀를 닫는 것도 도움이 된다.

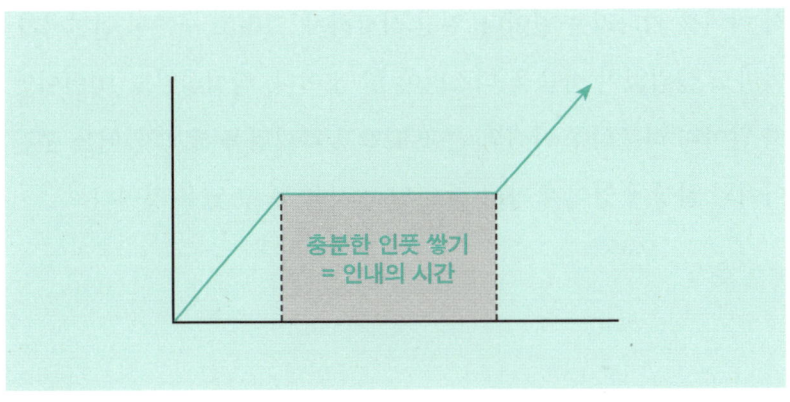

아웃풋에 대한 마음을 내려놓는 것이 엄마표 영어를 꾸준히 실천하는 데 가장 중요한 마음가짐이다. 아이를 믿고 기다리면 된다. 그동안 아이는 자신이 보고 들은 것을 이해하고 내재화하고 있을 것이다. 특히 아웃풋은 개인차가 큰 영역이기 때문에 불안해 할 필요가 없다. 어떤 아이는 틀려도 무작정 내뱉는 아이가 있고, 또 어떤 아이는 충분히 인풋이 쌓인 뒤에야 첫 마디를 떼기도 한다. 생각해 보면 모국어도 마찬가지이다. 돌이 되기도 전에 곧잘 말하는 아이가 있는가 하면 두 돌이 지나서야 겨우 첫 단어를 말하는 아이가 있으니까.

그러니 모국어를 익힐 때처럼 영어도 아이의 속도를 인정하고 엄마의 할 일을 묵묵히 하면 된다. 어쨌든 부모가 만든 환경 속에서 아이는 끊임없이 인풋을 쌓고 있는 중일 것이다.

　진정한 승자는 아이가 어릴 때 판가름이 나지 않는다. 아이가 진정으로 영어를 즐기게 될 때까지 몇 년이 걸릴지 아무도 장담할 수 없다. 그때까지 엄마가 할 수 있는 것은 영어 노출 환경을 꾸준히 제공하면서 아이를 기다리는 일이다. 일단 시작하자. 그리고 꾸준히 실천하자. 아마도 끊임없이 마음을 다스려야 할 것이다. 작심삼일도 10번이면 한 달이니 하루하루 아이와 손을 맞잡고 파이팅을 해보자. 어느 순간 아이의 일상에 영어가 자리 잡고 있는 것을 볼 수 있을 것이다.

영어를 잘하려면
한국어 실력은 기본이다

아이가 영어를 배우는 과정에서 절대 잊지 말아야 할 것은 모국어 발달이다. 많은 부모가 영어 학습에 대한 욕심으로 모국어인 한국어를 소홀히 하는 경우가 많다. 그러나 모국어 실력이 받쳐주지 않으면 영어 실력 향상에도 한계가 생긴다. 한국에서 살고 있으니 한국어는 자연스럽게 발달할 수 있지 않냐고 물을 수 있겠다. 물론 일상생활을 살아가는 데는 전혀 문제가 없을 것이다. 하지만 한글도 알고 말을 잘한다고 해서 수능 국어 지문을 다 이해하는 것은 아니지 않나. 결국 모국어도 언어이다. 지속적으로 자극을 주지 않으면 일정 수준에서 더 이상 나아가지 못하는 것이다.

모국어 문해력이 영어 문해력에도 100% 영향을 미친다. 문해력은 글을 읽고 이해하는 능력을 말한다. 단순히 문자를 읽는 게 아니라 글을 읽고 이해해서 소통할 수 있는 능력이다. 우리가 한국에 사는 이상 한국어 문해력이 먼저 발달하고 그다음이 외국어다. 외국어 능력이 절대 모국어의 능력을 뛰어넘을 수 없다는 것이다. 이중 언어를 구사하는 나라에서 자란 사람도 조금이라도 더 잘하는 제1언어가 반드시 있다. 그러니 우리 아이의 모국어 실력을 키워 주어야 영어를 더 잘 이해하고 소통할 수 있게 된다.

모국어 실력을 쌓는 가장 좋은 방법은 한글책 읽기이다. 한글책으로 쌓아 놓은 모국어 실력은 아이의 영어가 발달할수록 더 큰 힘을 발휘한다. 어릴 때부터 영어에 노출된 아이는 초반에는 한국어와 영어가 비슷할 수 있다. 특히 읽기를 할 때 더 그런 경향을 보인다. 영어책이 재미있다고 영어책만 보려고 하는 경우도 있다. 그러나 한글책 읽기를 신경 쓰지 않으면 나중에 영어 실력이 더 이상 올라가지 않는 순간이 오게 된다. 모국어와 영어 모두 정체기가 오는 것이다.

모국어를 통해 언어를 이해하고 발달시키는 과정을 충분히 아이가 겪어야 한다. 그래야 영어로도 그 과정을 겪어낼 수 있다. 특히 영어 수준이 높아질수록 글을 읽을 때 추론하고 사고하는 능력이 필요하게 된다. 그때 한글책 읽기로 쌓아 놓은 독해 실력을 적절하게 활용해야 복잡한 영어도 무리 없이 이해할 수 있다. 그러니 아이가 영어책을 좋아한다는 사실에 심취해서 한글책 읽기를 소홀히 하면 안 된다.

영어책을 1권 읽어 주었으면 반드시 한글책도 1권 이상 읽자. 탄탄한 모국어의 힘은 영어 실력이 높아졌을 때 반드시 진가가 나타나게 된다. 무엇보다 국어를 못하면 다른 과목에서도 최상위 수준까지

갈 수 없다는 통계 결과가 있다. 모국어 실력은 문해력뿐만 아니라 생각의 크기에서도 차이를 만든다. 영어로 아웃풋을 내기 위해서는 인풋도 중요하지만 생각을 담는 그릇도 키워야 한다. 먼저 모국어로 읽고 생각하는 연습을 통해 배경 지식을 충분히 쌓도록 하자. 배경지식, 어휘, 문해력 등이 모이면 생각의 그릇이 점점 커진다. 모국어로 생각을 담는 그릇이 커지면 영어도 그만큼 큰 그릇에 담을 수 있다. 생각이 커져야 그 생각을 언어로 표현할 수 있는 힘도 생기기 마련이다.

마지막으로 한글책 읽기로 책 읽기 습관을 잡아두면 영어책 읽기를 지속할 수 있는 힘이 생긴다. 특히 영어를 늦게 시작했더라도 충분히 치고 나갈 수 있다. 영상 시청과는 정반대이다. 영상은 한글 영상부터 보기 시작하면 영어 영상을 보게 하기까지 정말 많은 노력이 필요하다. 하지만 한글책 읽기로 독서 습관이 잡히면 책 읽기의 즐거움을 알기 때문에 영어책 읽기도 비교적 거부감 없이 쉽게 따라올 수 있다.

무엇보다 모국어 이해 능력이 뒷받침되어있기 때문에 영어도 더 쉽게 이해할 수 있다. 아이러니하지만 아이 영어 공부에서 모국어 발달은 빠질 수 없는 요소이다. 모국어 발달을 위한 최고의 방법은 한글책 읽기임을 잊지 말자. 책 읽기가 얼마나 손쉽고 유익한 방법인지 알고 있다면 부지런히 책 읽기를 통해 모국어를 배울 수 있도록 도와주자. 아이의 영어가 최고점에 도달하기 위해서는 모국어 실력이 뒷받침되어야 한다는 사실을 기억하자.

재미가 있어야
영어 실력이 는다

아이가 영어를 지속적으로 해 나갈 수 있는 힘은 '재미'에서 온다. 특히 아이의 나이가 어릴수록 영어가 재미있다는 인식을 심어줘야 한다. 영어가 재미있다고 생각되어야 계속해서 영어를 꾸준히 할 동기가 생긴다. 동기는 어떤 일을 꾸준히 해나가는 데 있어서 없어서는 안 될 요소다. 억지로 하게 하는 것은 결국 한계가 있다. 사실 초등 고학년만 되어도 왜 영어 공부를 해야 하는지 충분히 설명하면 이해하고 따라올 수 있다. 하지만 유아동 시기는 이 필요성을 이해시키기 어렵다.

동기부여를 해주는 가장 확실한 방법은 영어를 재미있는 놀이로 만들어 주는 것이다. 영어로 책을 읽고 영상을 보는 시간이 부모와 함께 하는 즐거운 활동이 되어야 한다. 그 시간 자체가 즐거움으로 인식

되어야 아이가 스스로 움직일 수 있다. 아이는 재미가 있으면 시키지 않아도 저절로 한다. 그러니 조급한 마음을 내려놓고 아이에게 영어가 재미있다는 것을 보여주면 된다. 마음의 여유를 가지고 재미있게 책을 읽고 함께 웃으며 영상을 보면 되는 것이다.

세계적인 첼리스트 장한나도 어릴 때부터 첼로를 꾸준히 할 수 있었던 원동력으로 '재미'를 꼽았다. 처음에 엄격한 선생님에게 첼로를 배울 때는 별로 흥미를 못 느꼈지만 대학생 과외 선생님이 '놀아주면서' 수업을 했던 것이 큰 도움이 되었다고 한다.

잠시 내 이야기를 하자면 한 아이를 9세부터 16세까지 7년 동안 영어를 가르친 적이 있다. 처음에는 나이가 어려서 어떻게 가르쳐야 하나 난감했는데 그때 선택한 방법이 놀이였다. 영어로 재미있는 애니메이션도 보고 게임도 하면서 학습적인 부분은 아주 쉬엄쉬엄했다. 얼마 전 그 학생이 명문대 영어영문과에 합격했다는 소식을 전해왔다. 아이 부모님은 내가 잘 가르쳤다며 고맙다고 했지만 사실 나에게 영어를 배운 건 극히 적을 것이다. 그 대신 영어를 즐거운 활동으로 인식하고 계속 해나갈 수 있었던 원동력을 제공한 것이다.

조금 불편한 말이기도 하지만 아이가 영어에 대한 거부감을 보인다면 그건 부모의 책임이 가장 크다. 알게 모르게 아이가 영어를 잘했으면 좋겠다는 욕심을 드러냈기 때문이다. 부모의 초조한 태도는 아이에게 부담으로 다가온다. 사실 아이가 지금 영어를 못하는 것은 전혀 문제가 안 된다. 늦더라도 차근차근 해나가면 되기 때문이다. 하지만 아이가 아예 영어를 거부하게 되면 그 마음을 되돌리는 것은 정말 많은 공을 들여야 한다. 그러니 진심을 다해 아이와 즐기는 시간을 보내길 바란다. 아이는 부모의 감정을 다 느끼고 있다.

아이에게 재미를 심어주기 위해서는 아이의 취향을 잘 파악하는 것이 중요하다. 요즘 책이나 인터넷을 통해 추천 DVD와 도서 목록을 손쉽게 구할 수 있다. 그런데 추천 목록은 말 그대로 추천에 불과하기 때문에 내 아이와 100% 맞아떨어지는 것이 아니다. 추천 목록을 참고로 아이의 취향에 맞는 것을 열심히 찾아야 한다. 그러기 위해서는 평소에 아이의 취향을 파악하기 위해 세밀한 관심을 기울여야 한다. 아이와 함께 책이나 영상을 보고 반응을 기록해 놓는 것도 좋다. 한글책을 읽는 취향을 참고해도 좋을 것이다.

아이의 영어 실력이 향상될수록 많은 부모는 더 잘했으면 좋겠다는 욕심이 생긴다. 그래서 좀 더 다양한 주제의 책과 영상물을 챙겨주려고 한다. 그런데 그건 정말 아이의 '영어 독립' 시기까지 기다려야 한다. 아직 아이는 영어도 익히면서 그 속의 내용도 이해하고 있는 중이기 때문에 이 두 가지를 동시에 파악하기란 쉽지 않다. 듣기와 읽기가 '자동화'가 될 때까지는 여전히 재미를 중심으로 영어를 노출해야 한다. 지식을 쌓는 활동은 한글책 읽기로도 충분하다. 일단 잘 하려면 많이 하는 게 중요하고 많이 하려면 재미있어야 한다.

그러니 아이에게 영어가 재미있다는 인식을 심어주어야 한다. 퇴근 후 피곤하더라도 아이의 영어 시간을 즐겁게 보내도록 노력하자. 엄마가 영어 노출을 숙제처럼 여기면 금방 지친다. 사실 아이가 영어책을 읽고 영어 영상을 보는 가장 큰 이유는 엄마와 함께 하는 시간이 좋아서이다. 함께 웃으며 영어를 습득한 그 시간은 아이 인생에 큰 힘이 되어 줄 것이다. 아이가 훌쩍 자란 후에는 더 이상 돌아오지 않을 값진 시간이기도 하다.

2부

영어책 읽기로 영어에 눈뜨기

책 읽기의
준비 단계

전체 로드맵

　영어책 읽기 과정은 준비 단계를 포함하여 총 5단계로 구성했다. 아래 그림은 책 읽기로 영어를 노출하는 과정을 단계별로 나타낸 것이다. 전체적인 흐름을 먼저 파악하고 있으면 영어책 읽기를 진행하는 데 도움이 될 것이다.

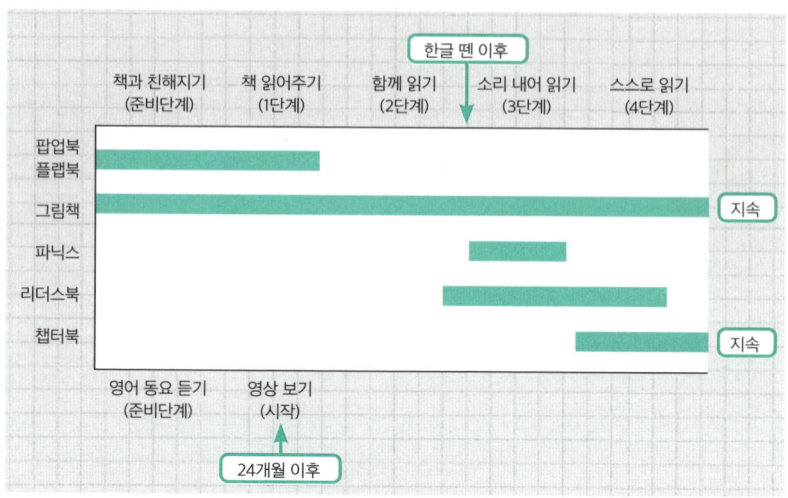

그림을 보면 알 수 있겠지만 각 단계는 이전 단계가 끝나야만 시작할 수 있는 것이 아니다. 여러 단계가 동시에 진행되기도 하고 아이의 상황에 따라 어떤 단계는 건너뛸 수도 있다. 물론 필요에 따라 한 단계를 오래 지속할 수도 있다. 아이의 속도에 맞춰 진행하면 된다. 무엇보다 중요한 것은 아이의 성향을 파악하고 영어에 대한 흥미를 잃지 않게 해주는 것이다. 전체 로드맵은 아이의 영어책 읽기를 어떻게 진행하면 좋을지 이해하는 과정으로 바라보면 된다. 각 단계의 숫자에 너무 연연해 할 필요는 없다.

또 한 가지 알아야 할 점은 각 단계는 아이의 연령에 따라 나뉘는 것이 아니라는 점이다. 연령보다는 영어를 시작한 시기나 영어 노출량에 따라 각 단계를 정하는 것이 바람직하다. 다만 몇 가지 특정 활동은 반드시 정해진 시기를 따라야 하는데 책 읽기 과정에서는 파닉스가 해당된다. 파닉스는 되도록이면 한글을 뗀 후에 시작하는 것이 좋다. 한글을 완벽하게 떼지는 못했더라도 문자에 대한 관심이 있어야 잘 이해할 수 있기 때문이다. 충분한 책 읽기를 통해 파닉스는 생략하고 넘어가도 좋다.

이 책에서는 0세부터 영어책 읽기를 시작할 수 있다는 것을 전제로 하고 있다. 책 읽기는 아이들이 자연스럽게 책과 친해질 수 있는 환경을 만드는 것에서 시작한다. 집안 곳곳에서 손쉽게 책을 접할 수 있어야 하고 부모가 책 읽는 모습을 보여주는 것도 필요하다. 아이가 책에 대한 긍정적인 인식을 가져야 책 읽기 과정이 수월하게 진행될 수 있기 때문이다. 특히 아이는 아직 문자를 모르기 때문에 이 시기의 부모의 역할은 정말 중요하다. 아이에게 책 읽기 시간이 즐거운 놀이 시간이 되도록 재미있게 책을 읽어주면 된다.

책 읽기는 최대한 일찍 시작하여 가능한 한 오랫동안 지속하는 것이 좋다. 그 과정에서 아이가 문자에 관심을 보이는 시기가 되면 직접 소리 내어 읽을 수 있도록 도와주자. '책 읽어주기'에 '함께 읽기'와 '소리 내어 읽기'를 하나씩 더하면 된다. 아이는 문자를 익히고 조금씩 읽기에 참여하면서 스스로 책을 읽을 수 있다는 자신감을 키울 수 있다. 거기에 읽기 경험을 더하며 읽기 독립까지 나아가게 된다. 물론 책 읽기 경험을 충분히 쌓는 것이 전제가 되어야 한다. 그래야 탄탄하게 영어 인풋을 쌓으며 나아갈 수 있다.

사실 이렇게 단계를 나눠 놓아서 그렇지 책 읽기 과정이든 영상보기 과정이든 복잡하게 생각할 필요는 전혀 없다. 아이가 수준에 맞는 책을 정말 충분히 즐길 수 있도록 해주기만 하면 된다. 특히 책은 리딩 레벨이란 것을 확인할 수 있기 때문에 조급해하는 경우가 많은데 그런다고 아이가 엄마 마음대로 단계를 건너뛰지는 않는다. 여유를 가지고 부모와 아이가 진심으로 책 읽기를 즐겨야 한다. 매일 꾸준히 읽다 보면 어느 순간 아이의 영어 실력은 훌쩍 자라 있을 것이다. 자, 이제 준비 단계부터 차근차근 살펴보자.

영어 시작은 빠를수록 좋다

영어책 읽기의 시기

영어책 읽기는 언제 시작해야 할까? 우선 아이에게 영어를 노출해 주는 시기는 빠르면 빠를수록 좋다. 책 읽기는 영어를 노출하는 가장 효과적인 방법 중 하나이기 때문에 책으로 영어를 일찍 접할수록 그 후의 영어 습득 과정이 수월하게 진행될 수 있다. 영어에 대한 거부감이 없어지는 것이다.

반대로 한국어와 영어의 수준 차이가 클수록 영어를 거부할 가능성이 높아지게 된다. 일반적으로 문자를 익히는 시기인 5~7세 이전까지는 모두 소리를 통해 언어를 접한다. 영어책 읽기를 일찍 시작할수록 영어 소리에 익숙해질 수 있기 때문에 영어책 읽기를 통해 준비

시간을 충분히 갖는 것이 좋다.

　아이의 영어 시작 시기는 많은 부모가 고민하는 것 중 하나이다. 그럴 만도 한 것이 언어학자에 따라서도 의견이 다르고 어떤 것이 정설이라고 할 수도 없기 때문이다. 성인이 되어서도 충분히 영어를 잘 하게 되는 사례를 보면서 더 고민되기도 한다. 그런데 이것은 모두 영어를 '학습'으로 접근했을 때의 경우이며 '습득'의 관점에서 바라보는 것과는 큰 차이가 있다. 습득의 핵심은 자연스러운 노출이다. 모국어가 자리 잡히기 전에 최대한 일찍 접하는 것이 새로운 언어를 거부감 없이 받아들이는 데 효과적이다.

　영어 습득 시기에 대해 《엄마표 영어 17년 보고서》에서는 0~3세가 의식적으로 애써서 공부하지 않아도 쉽게 언어를 습득할 수 있는 유일한 시기라고 강조하고 있다. 물론 너무 어린아이에게 영어를 노출하면 모국어에 혼동이 올까봐 우려하는 엄마도 있다. 하지만 영어를 일찍 시작하는 것이 모국어 발달을 지연시킬 만큼의 영향은 주지 않는다. 다양한 인풋을 소화하느라 다른 아이보다 조금 늦을 수는 있겠지만 모국어는 결국 발달해야 하는 정상 범위 내에서 발달하게 된다. 무엇보다 모국어든 영어든 꾸준한 인풋으로 자극을 주어야 계속 발달할 수 있기 때문에 지속적인 책 읽기는 필수이다.

　《효린파파와 함께 하는 참 쉬운, 엄마표 영어》를 보면 학업 성적 상위 0.1% 고등학생을 대상으로 어떻게 영어를 습득했는지 조사한 설문 결과가 있다. 결과에 따르면 약 97%의 부모가 아이가 취학 전인 0~7세에 영어 노출 환경을 조성했다고 한다. 미리 영어를 '학습'시킨 것이 아니라 일상에서 다양한 활동을 통해 '습득'할 수 있도록 환경을 만든 것이다. 특히 원어민과 유사한 수준의 영어를 구사하는 학생일수록 어릴 때부터 영어책을 접했다고 했다. 일찍 영어책 읽기를 하는 것이 장기적인 영어 학습에도 얼마나 도움이 되는지 알 수 있는 결과이다.

또 하나 생각해야 할 것은 영어책 읽기도 결국은 책 읽기의 하나라는 것이다. 책 읽기의 시작은 모두 소리내어 읽어주는 것이다. 책 읽어주기의 장점은 뒤에서 따로 설명하겠지만 일찍 시작할수록 뇌 발달에 효과적이다. 미국 소아과학회에서도 아이가 태어난 직후부터 책 읽어주기를 시작하는 것이 좋다고 권고했다. 아직 우리말도 못 알아듣는 아이에게 영어를 읽어주는 게 무슨 효과가 있냐고 물을 수도 있겠다. 하지만 태교를 위해 태아에게도 책을 읽어주고, 말을 건네지 않았나. 아이가 이해하지 못하는 것 같아도 부모의 목소리를 들으며 그 정보를 받아들이기 위해 노력하고 있다는 것을 알아야 한다.

여기까지 이야기하면 가장 우려되는 반응이 하나 있다. 우리 아이는 이미 취학 시기가 다 되었는데 너무 늦은 게 아닐까하고 불안감에 휩싸이는 것이다. 지금까지는 열심히 모국어를 발달시켰다고 생각하면 된다. 아이는 이미 자신의 속도로 자라고 있다. 거기에 맞춰서 지금부터 열심히 영어를 노출시켜 주면 된다. 많은 엄마표 영어의 성공 사례에서 볼 수 있듯이 시작 시기보다 더 중요한 것이 바로 꾸준한 실천이다. 언제 시작하든 꾸준히 한다면 얼마든지 효과를 볼 수 있다. 그러니 영어 습득에 가장 효과적인 시기를 찾는 것보다 일단 시작하는 것이 더 중요하다. 지금 이 책을 읽으며 계획을 세우고 바로 아이에게 영어책을 읽어주자. 가능한 한 학습이 되기 전에 습득으로 받아들일 수 있는 시기를 놓치지 않는 것이 좋다. 모국어가 걱정된다면 영어책을 읽어줄 때 한글책을 한 권 더 읽어주면 된다. 무엇보다 한글책 수준에 최대한 맞춰야 영어책에 대한 흥미도 잃지 않고 지속할 수 있다. 아이가 어릴수록 부모의 역할이 크다는 것을 잊지 말아야 한다.

영어책 읽기의 힘

영어책 읽기는 아이가 성장하는 데 굉장히 중요한 습관이다. 사실 여기서 말하는 책 읽기 습관은 영어책 읽기에만 국한된 것이 아니다. 한글책이든 영어책이든 책을 읽고 즐기는 습관은 아이가 평생을 살아가는 데 큰 힘이 되어 준다. 본격적으로 영어책 읽기를 시작하기 전에 책 읽기가 주는 유익함에 대해서 먼저 이야기를 해보려고 한다.

책을 많이 읽는 아이들이 학문적으로도 뛰어나다는 것을 잘 알고 있을 것이다. 주위를 둘러봐도 딱히 교육에 열을 올리지 않았는데 성적이 뛰어난 아이를 볼 수 있다. 그 비결을 들여다보면 공통적으로 어릴 때부터 자리 잡힌 독서 습관이 있다. 독서를 통해 특별한 학습 없이도 자연스럽게 배운 것이다.

대부분의 부모들은 아이가 어릴 때만 책 읽기에 신경을 써주는 경우가 많다. 아이가 커갈수록 학교 성적을 잘 받는 데에 더 열중하게 되는 것이다. 그렇게 아이가 책 읽을 시간도 없이 바쁜 일정을 소화하다 보면 어릴 때 쌓은 책 읽기 습관도 유지하기 힘들게 된다. 그런데 장기적으로 볼 때 책 읽기 습관을 잡아두는 것이 훨씬 더 효과적인 교육 방법이다. 독서 습관이 잡히면 어떤 글이든 포기하지 않고 읽겠다는 의지가 생기기 때문이다. 요즘 많은 청소년들이 읽기 경험이 부족하다고 한다. 성인도 마찬가지다. 그래서 어떤 글이든 쉽게 읽지 못하고 시작도 전에 포기하고 만다.

실제로 내가 국어 과외를 한 많은 학생이 글을 못 읽어내는 경우가 많았다. 한국인인데 한글로 쓰인 글을 못 읽는다니 무슨 소리인가? 문자를 읽고 각 단어의 의미를 안다고 해서 글을 해석할 수 있는 것이 아니다. 글에 몰입할 수 있어야 하고 그 속에서 주는 메시지를 파악할 수 있어야 한다. 영어든 한국어든 책 읽기를 통해 읽고 이해하는 경험이 충분하지 않으면 똑같이 일어나는 현상이다. 영어도 아무리 단어를 많이 외운다 해도 정작 글을 이해하지 못하면 아무것도 얻지 못한다.

요즘 아이들은 주로 영상을 통해 정보를 접한다고 한다. 그런데 반드시 글을 통해서 정보를 얻어야 하는 경우도 있다. 입시도 그렇고 전문 분야의 지식은 글로 배워야 하는 경우가 많다. 그런데 글을 읽고 이해하는 능력이 없으면 그런 정보에 접근조차 할 수 없게 된다. 요즘 시대에 정보가 주는 힘이 얼마나 큰지 말을 하지 않아도 알 것이다. 특히 미래사회에는 평생 직업이라는 말도 없어질 만큼 끊임없이 자신을 수련해야 할 것이다. 그때 반드시 필요한 것은 책 읽기를 통해 정보를 얻는 능력이다.

무엇보다 오랜 책 읽기 습관을 통해 숙련된 독서가가 되면 더욱 효율적으로 정보를 얻을 수 있다. 글을 자유자재로 다룰 수 있고 나에게 필요한 정보만 원하는 방식으로 쏙쏙 골라 담을 수 있다. 어떤 글이든 읽는 것을 두려워하지 않고 끝까지 읽어낼 수 있게 되는 것이다. 아이가 이런 집중력과 실행력을 얻기 위해서는 오랜 시간 축적된 책 읽기 경험이 필요하다. 그런데 이런 연습은 사교육이나 공교육으로는 충분히 하기 힘들다. 반드시 가정에서 어릴 때부터 키울 수 있도록 해야 한다.

물론 꼭 정보를 얻고 뛰어난 학업 성과를 얻기 위해서 책을 읽는 것은 아니다. 무엇보다 책 속에는 재미있고 흥미진진한 이야기가 있고 그 속에서 아이는 재미와 감동을 느끼며 세상에 대한 이해를 넓혀 나간다. 책 읽기를 통해 지적 성장뿐만 아니라 정서적 성장도 이루어 가는 것이다. 특히 부모와 어릴 때부터 함께 한 책 읽기 시간은 아이가 평생을 살아가는 데 용기가 되어 줄 것이다. 어릴 때의 행복한 추억이 힘든 일도 이길 있는 힘이 되는 것이다.

아이가 독서 습관을 통해 더 큰 성장을 이룰 수 있도록 부모는 도와줘야 한다. 좋은 책을 읽고 즐기면 그것으로 충분하다. 한 줄짜리 영어 그림책부터 시작해서 글밥이 많은 챕터북을 읽어내기까지 아이는 스스로 많은 것을 터득하게 된다. 충분히 읽고 이해하는 경험을 통해 더 많은 것을 배워나가게 되는 것이다. 그것이 영어책이든 한글책이든 가리지 않고 이루어질 수 있다면 더할 나위 없이 좋다. 영어책도 본질적으로는 책 읽기의 하나라는 것을 잊지 말자. 책 읽기 습관은 부모가 물려줄 수 있는 가장 큰 자산이 될 것이다.

책 읽기 환경을 만들어야
아이가 책과 함께 놀기 시작한다

준비 단계에서는 아이가 자연스럽게 책을 접할 수 있는 환경을 만들어 주는 것이 가장 중요하다. 아이가 일상 곳곳에서 책을 접하고 부담 없이 즐길 수 있도록 하는 것이다. 아이에게 부모의 행동이 미치는 영향은 매우 크다. 특히 아이가 어릴수록 더욱 그렇다. 그래서 부모가 제공하는 환경 속에서 아이를 충분히 책을 즐기는 사람으로 자라게 할 수 있다. 아이가 자연스럽게 책과 친해질 기회를 만들어 주는 것이 직접적으로 책을 들이미는 것보다 훨씬 효과적이다.

가장 먼저 아이에게 책이 최고의 장난감이 되게 하자. 영어책뿐만 아니라 모든 책에 해당되는 이야기이다. 책을 많이 접하지 않은 아이일수록 책이 재미있는 놀이 도구 중 하나가 되어야 한다. 책을 재미있는 것으로 인식해야 책에 대한 호기심도 높아질 수 있다. 책 읽기 초반에 아이의 흥미를 이끌어 낼 수 있는 재미있는 책이 많이 있다. 다양한 소재를 만져볼 수 있는 촉감북, 하나씩 들춰보는 플랩북, 그림이 입체적으로 튀어나오는 팝업북 등 모두 재미있는 장난감 역할을 충실히 하는 책이다. 영어 실력에 상관없이 볼 수 있는 책이기도 하다. 이런 책은 특히 영어책을 거부하는 아이에게도 매우 효과적이다.

책을 가지고 놀았던 경험이 쌓이면 자연스럽게 책에 관심이 생기게 된다. 책에 어떤 재미있는 것이 있나 궁금해지고 엄마가 읽어주는 소리에도 귀를 기울이게 된다. 사실 이때 이해하지도 못하는 영어책을 보는 것은 아이에게 곤욕일 수 있다. 거부감을 나타내는 것은 당연하다. 무작정 들이미는 것보다 천천히 흥미 위주로 접근하는 것이 필요하다. 책과 친해지는 시간을 충분히 갖자.

책을 장난감으로 접하게 하는 것은 특히 3세 미만의 어린아이에게는 매우 이상적인 출발이다. 한글책이든 영어책이든 흥미 위주로 접근해서 책 자체에 대한 관심을 높일 수 있기 때문이다. 이 시기의 아이는 책을 보는 게 아니라 빨기도 하고 한두 장 휙휙 넘기다 던져 버리기도 한다. 책을 장난감으로 인식하는 것이다. 이런 시기가 아이가 책에 대한 관심을 높이는 데 매우 중요한 역할을 한다. 그러니 가능하면 일찍 아이가 책으로 재미있는 시간을 보내게 해보자. 아이가 직접 책장을 넘기게 해서 책 읽기에 주도적으로 참여하게 하는 것도 좋은 방법이다.

가끔 책을 너무 애지중지하는 부모를 볼 수 있다. 아이가 책을 함부로 못 만지게 하는 것이다. 물론 책을 잘 보관해서 아이에게 오래 보여주고 싶은 마음도 있을 것이고 어렵게 구한 책은 아까운 마음도 있을 것이다. 그런데 책은 아이의 것이란 걸 잊어서는 안 된다. 아이가 책을 구기거나 그림을 그린다고 해도 내버려두기를 바란다. 책과 함께 노는 즐거운 경험을 하는 것이 그 어떤 것보다 중요하기 때문이다. 책을 처분하는 것도 마찬가지다. 어떤 책은 아이가 관심조차 없다가도 어느 시기가 오면 또 잘 보기도 한다. 아이가 더 이상 그 책을 안 본다고 성급히 처분하지 말고 충분히 책을 누릴 시간을 줘야 한다.

두 번째는 물리적 환경에 관한 이야기다. 집 인테리어를 생각해 보자. 아이가 주로 활동하는 공간에 장난감을 조금 줄이고 책을 두는 것이 좋다. 북 큐레이션에서도 적절하게 책을 두는 것이 독서 습관을 키우는 데 효과적이라고 한다. 부모가 서점의 주인이 되었다고 생각하면 쉽다. 우리 집만의 고객을 위해 책을 소개하고 판매할 수 있도록 전시하는 것이다. 아이가 자주 머무는 곳, 시선이 가는 곳에 아이가 좋아할 만한 책을 두면 된다. 놀이 매트나 테이블 위, 침대 등 아이가 자주 다니는 곳 여기저기에 책이 놓여 있도록 해보자.

추천하는 방법 중 하나는 전면 책장을 활용하는 것이다. 그림책은 표지부터 재미있는 이야기가 담겨 있기 때문에 아이의 호기심을 끌기에 충분하다. 아이가 관심 있어 하는 주제의 책을 표지가 잘 보이도록 해보자. 책 읽기 초반에는 책이 많이 필요하지 않다. 아이가 흥미로워하는 책 몇 권을 전면 책장이나 아빠 차트처럼 표지가 보일 수 있는 곳에 두면 된다. 그러다 아이가 잘 보는 것 같으면 새로운 책을 한두 권 섞어서 넣어두면 된다. 책꽂이가 없는 곳에는 그냥 바닥에 두거나 벽에 기대어 두는 것도 좋은 방법이다.

행동경제학 베스트셀러인 《넛지》에서도 환경 설계를 통해 선택을 유도하는 설정이 있다. 넛지는 '팔꿈치로 살짝 찌르다'라는 의미를 가지고 있는데 팔꿈치로 살짝 찌르듯이 아주 자연스럽고 부드러운 개입을 통해 더 나은 선택을 유도하는 것이다. 가장 유명한 사례 중 하나가 남자 소변기에 파리 그림을 그려 놓은 일화이다. 그 작은 그림 하나가 변기 밖으로 소변을 튀기지 말라고 직접 경고하는 것보다 훨씬 효과가 좋았다고 한다. 영어책 읽기도 마찬가지로 아이 몰래 엄마가 설계해 놓은 환경에 아이가 자연스럽게 빠져들도록 할 때 더욱 효과적이다.

책을 너무 많이 두거나 줄 맞춰 정리할 필요는 전혀 없다. 어른이 보기에 깔끔하고 예쁠 수는 있지만 아이에게는 부담으로 다가올 수 있기 때문이다. 엄마가 정리 강박을 버릴 필요도 있는 이유다. 책이 종류별로 정리되어 있지 않아도 되고 라벨이 붙어 있어야 하는 것도 아니다. 오히려 크기나 모양이 들쭉날쭉한 채로 책이 섞여 있는 것이 아이의 관심을 끌 수 있다. 책 정리에 열 올리지 말자. 시작은 뭐든 가볍게 하자.

마지막으로 우리 가정에 책 읽기 문화를 정착시키자. 독서 문화를 만들기 위해서는 부모의 역할이 중요하다. 아이를 흔히 '모방의 천재'라고 한다. 부모가 평소에 책 읽는 모습을 보여주는 것이 아이가 책을 보게 하는 최고의 방법이다. 많은 부모가 자신은 휴대폰을 손에서 놓지를 않으면서 아이는 책을 보기를 바란다. 부모가 먼저 모범을 보여야 아이도 따라오게 마련이다. 아이는 부모가 하는 것을 따라하고 싶고, 함께 하고 싶어 한다는 것을 잊지 말았으면 좋겠다.

특히 어린 나이의 영유아는 어떤 것을 학습하기에는 아직 힘든 시기이다. 그래서 더욱 보고 따라하는 게 더 효과적인 방법이다. 여러 연구에서도 부모가 책을 자주 읽는 모습을 보여주면 아이도 더 많이 책을 읽게 된다는 연구 결과를 소개하고 있다. 아이들은 부모가 무엇을 하든 따라서 함께 하려는 경향이 있다. 특히 아이의 나이가 어릴수록 더욱 그렇다. 그러니 아이에게 무언가를 가르치려 들기보다 몸소 보여주는 것이 훨씬 더 효과적인 방법이다.

스트롬멘과 메이츠(Strommen & Mates)의 연구에서도 가족의 독서 문화가 아이의 책 읽기에 미치는 영향을 확인할 수 있다. 책 읽기의 즐거움을 느끼게 해주고 가족 독서 시간을 갖는 등 가정에서의 활동이 아이가 책을 사랑하게 만드는 데 중요한 역할을 한다고 한다. 그러니 아이와 함께 책을 보며 행복한 시간을 갖자. 책을 읽어주고 함께 이야기를 나누었던 시간은 아이에게 오랜 추억으로 남는다. 아이와 도서관이나 서점에 자주 방문해서 즐거운 시간을 보내는 것도 좋은 방법이다.

책을 좋아하는 아이로 만드는 것은 가정에서 충분히 할 수 있다. 아이가 책을 멀리한다면 안타깝게도 가정에서 그렇게 만든 것이라고 할 수 있다. 책 읽기에 최적의 환경을 제공해서 아이가 책을 즐길 수 있는 기회를 제공하는 것이 부모의 역할이다. 아이의 일상에 책이 자연스럽게 스며들 수 있도록 환경을 만들자. 지금의 수고가 나중에 책 좀 읽으라며 잔소리할 일도 서로 스트레스 받게 할 일도 없게 할 것이다.

영어책 읽어주기는 정서 발달, 언어 발달, 두뇌 발달에 좋다

 책 읽어주기의 힘은 아주 크다. 미국소아과학회에서는 "아이가 태어났을 때부터 부모가 소리 내어 책을 읽어줄 것"을 공식적으로 권고하고 있다. 로버트 한니만(Robert Hanneman) 미국소아과학회 회장은 "아이가 이유식을 먹거나 차에 탈 때 안전벨트를 매는 것처럼 아이에게 책을 읽어주는 것이 꼭 필요하다."라고 말했다. 영어책도 결국엔 책의 한 종류이다. 영어책이든 한글책이든 아이가 어릴 때부터 읽어주는 것은 아이의 정서 발달, 지능 발달에 매우 효과적이다. 영어책 읽어주기를 통해서 아이의 영어 능력까지 발달시킬 수 있다.
 영어책을 포함한 책 읽어주기의 가장 큰 장점으로 아이의 정서 발달을 들 수 있다. 부모가 읽어주는 이야기를 들으며 아이는 감정과 정서가 함께 발달한다. 특히 만 3살까지는 인간의 뇌 신경세포 회로가 가장 활발하게 성장하는 시기이기 때문에 다양한 자극을 통해 아

이의 뇌 발달이 이루어지도록 도와줘야 한다. 아이에게 책을 읽어주면 아이는 충분한 정서적인 자극을 받을 수 있게 된다. 부모와 재미있는 이야기를 공유한 시간은 아이에게 정말 행복한 순간으로 기억될 것이며 그 속에서 이루어지는 정서 발달은 아이의 삶을 더욱 풍요롭게 만들어 줄 것이다.

그런데 잘 생각해 보면 책 읽어주기를 통해 가장 도움을 받는 것은 오히려 부모일지도 모른다. 나 역시 애교라고는 전혀 없는 무뚝뚝한 엄마였다. 엄마가 되고 나니 아이에게 사랑을 많이 표현해 주고 싶었지만 생각만큼 쉽지 않았다. 그때 아이에게 책을 읽어주면서 내 감정을 전달하는 데 큰 도움을 받았다.

《I Love You Through and Through》를 통해 머리끝부터 발끝까지 사랑을 전하기도 하고, 《Counting Kisses》를 통해 아이에게 뽀뽀를 퍼붓기도 했다. 특히 함께 그림책을 보면서 그림을 유심히 살피던 아이의 모습, 책에 발을 올리고 있던 모습 등 정작 아이는 너무 어려서 기억하지 못하는 순간이겠지만 나에게는 소중한 추억으로 남았다.

책 읽어주기는 특히 밤에 잠자리에서 해주는 것이 정서 발달에 좋다. 밤의 호르몬인 멜라토닌이 이야기를 듣는 아이를 더욱 감성적으로 만들어 주기 때문이다. 하지만 매일 책 읽기를 실천하는 것은 생각처럼 쉬운 일이 아니다. 하루 일과를 끝내고 온 피곤한 몸으로 아이에게 책을 읽어주려니 정말 육체노동이 따로 없다. 더군다나 하루 종일 부모를 기다린 아이는 "또! 또!"를 외치며 잠들 기미가 안 보인다. 그럴 땐 오디오의 힘을 빌려 보는 것도 괜찮다. 아이와 함께 책을 보고 도란도란 이야기를 나누는 것만으로도 아이의 정서 발달에 충분히 도움이 된다.

두 번째로 영어책을 읽어주는 것은 영어책 읽기의 필수 단계이다. 아이가 책 읽기로 영어를 습득하게 하는 것이 중요하다고 계속 이야기하였지만 아직 문자를 모르는 아이가 책을 보는 방법은 다른 사람이 읽어주거나 오디오를 듣는 것밖에 없다. 언어 습득을 듣기부터 시작하는 가장 자연스럽고 바람직한 과정이기도 하다. 그중에서도 부모가 책을 읽어주는 것은 아이가 영어를 친숙한 목소리로 접하게 된다는 장점이 있다. 엄마, 아빠의 목소리를 통해 최대한 영어에 거부감을 가지지 않을 수 있는 것이다.

책을 아이에게 충분히 읽어주는 것은 앞으로 아이의 영어책 읽기 과정에도 큰 영향을 미친다. 뉴먼(Neuman)의 연구에서도 생후 6개월부터 꾸준히 부모와 책을 읽은 아이들이 자라서도 책을 많이 읽는 것으로 나타났다. 책으로 영어에 대한 친밀감을 쌓을 수 있도록 해주는 것이 중요하다. 그 시간은 아이가 지속적으로 영어 읽기를 해나갈 든든한 바탕이 되어 줄 것이다. 물론 당장은 아이가 부모가 읽어주는 내용을 전부 이해하지는 못할 것이다. 하지만 아이는 열심히 그림을 살피며 눈귀 귀를 총동원하여 따라오고 있다. (정말 사랑스러운 순간이다!)

부모가 아이에게 책을 읽어주는 것은 가능한 한 오래 지속하는 것이 좋다. 아이가 스스로 책을 읽을 수 있게 되어도 아직 혼자 책을 읽는 경험이 충분하지 않기 때문이다. 혼자 읽는 것보다 듣는 것이 훨씬 더 익숙하고 이해가 잘 되는 시기이기 때문에 부모가 충분히 함께 읽어주자. 책 읽어주기를 통해 영어를 이해하고 받아들이는 과정을 듣기부터 충분히 겪을 수 있도록 해야 한다. 아이는 부모의 이야기를 들으며 차근차근 인풋을 쌓을 수 있다. 부모가 영어책을 읽어주는 것이 영어 습득 환경의 기본이다.

세 번째로 책 읽어주기는 아이의 지적 발달에도 도움이 된다. 말하자면 입이 아플 정도로 수많은 연구에서 증명된 사실이다. 시카고 대학의 한 연구 보고서에 의하면 아이에게 책을 읽어준 지 몇 초 만에 아이 뇌의 수천 개의 세포가 반응을 했다고 한다. 뇌세포의 결합도 강해지고 새로운 세포가 만들어지기도 했다. 책을 읽어주는 것만으로도 아이의 뇌에 좋은 자극이 되는 것이다. 인간의 뇌는 출생 후 36개월까지 폭발적으로 성장한다. 아이가 어릴 때부터 책을 꾸준히 읽어주는 것이 아이의 뇌를 더욱 활성화시키는 일인 것이다.

짐 트렐리즈(Jim Trelease)의 《하루 15분 책 읽어주기의 힘》은 책 읽어주기의 효과를 널리 알렸다. 이 책에서는 지적장애아로 진단받은 한 아기에게 꾸준히 책을 읽어준 일화를 소개하고 있는데, 그 아이는 결국 명문대학교에 입학하게 되었다. 저자는 책 읽기에 대해 "가장 경제적이고 간편하고 오래된 교육 방법 중 하나이며, 다른 어떤 도구보다 뛰어난 교육용 도구"라고 이야기했다. 잠깐의 짬을 내서 책을 읽어주는 것이 아이의 교육에도 이렇게 긍정적인 영향을 미친다니 하지 않을 이유가 없을 것이다.

책 읽어주기는 영어책 읽기의 가장 기본 단계이면서 필수적인 과정이다. 책을 읽어주는 것이 아이의 일상에서 자연스러운 활동이 되어야 한다. 그 속에서 아이는 부모와 교감하며 정서적으로 안정이 될 것이다. 더불어 책을 좋아하는 아이로도 자랄 수 있다. 무엇보다 영어라는 새로운 언어를 친숙하게 받아들일 수 있다는 점이 얼마나 매력적인가. 책을 읽어주기만 해도 아이에게 필요한 발달을 충분히 이끌어낼 수 있는 것이다. 그러니 가능한 한 오랫동안 꾸준히 책을 읽어주도록 노력하자.

그림책, 촉감책, 문장이 반복되는 책을 준비하자

 준비 단계에서는 아이의 흥미를 끌 수 있는 책을 보여주는 것이 가장 좋다. 연령대에 따라 다소 차이가 있지만 영유아 시기에는 보드북으로 시작하는 것이 좋다. 보드북은 두껍고 빳빳한 종이로 만들어졌는데 모서리도 둥글게 되어 있어 아이에게 안전하기도 하다. 보드북을 통해서 아이가 책을 충분히 만지며 놀 수 해주는 것이 좋다. 우리나라도 영어 교육에 관심이 뜨거워지면서 이제는 쉽게 원서 보드북을 구할 수 있다.
 일반적으로 생후 0~18개월까지를 '인펀트(Infant)', 18~36개월까지를 '토들러(Toddler)'라고 한다. 인펀트 시기에는 주위 사물에 관심이 많고 세상에 대한 호기심이 왕성한 때이다. 실사가 있는 책을 통해 일상생활을 보여주는 것이 사물 인지에 대한 능력을 높일 수 있다. 보드북뿐만 아니라 촉감책은 아이의 호기심을 충족시켜 줄 수 있고 책 읽기를 재미있는 놀이로 만들어 준다. 아직 스토리가 있는 책은 무리가 있지만 그래도 단순한 문장이 반복되는 책으로 시작해 볼 수 있다. 의성어, 의태어가 많이 나오는 책은 아이가 즐겁게 따라할 수도 있다.

실사가 있는 그림책

《First 100 words》 / Roger Priddy

성인 손바닥만 한 크기의 작고 두툼한 보드북이다. 100개의 사진과 단어가 제시되어 있다. 《First 100 animal》, 《Numbers Colors Shapes》 등 시리즈로 나와 있는 책도 있다. 꼭 이 책이 아니더라도 DK에서 출판한 《My first》 시리즈 등 비슷한 책도 많이 있다.

《Baby's Busy World》 / Dorling Kindersley

일상과 관련한 단어나 표현을 실사와 함께 제시하고 있다. 영어 전집으로 유명한 '노부영 베이비'에도 포함되어 있다.

촉감북

《That's Not My Puppy…》 / Fiona Watt

여러 강아지 그림을 하나씩 만져 보면서 내 강아지를 찾아 보는 내용이다. 직접 만질 수 있어서 재미있고 여러 가지 형용사도 배울 수 있다. 《That's Not My Dinosaur…》, 《That's Not My Kitten…》 등 같은 출판사에서 나온 'Usborne Touchy-Feely Books' 시리즈에 더 많은 촉감책이 나와 있다.

《Touch! My Big Touch-and Feel Word Book》 / Xavier Deneux

기본 어휘가 그림으로 나와 있고 몇 가지는 만져볼 수 있도록 되어 있다. 부드러운 이불이나 찐득한 잼 등의 촉감을 느낄 수 있다.

손가락 인형책

《Baby Bear》 / Yu-Hsuan Huang

아기 곰의 얼굴이 손가락 인형으로 되어 있는 책이다. 아기 곰 외에도 펭귄, 코끼리, 유니콘 등 다른 동물들이 주인공인 책도 나와 있다.

《Itsy Bitsy Spider》 / Cottage Door Press

유명한 마더구스인 'Itsy Bitsy Spider' 노래를 손가락 인형으로 만든 책이다. 마더구스를 즐겨 들은 아이라면 더욱 관심 있게 볼 수 있다. 이 책 외에도 《This Little Piggy》나 《Old Macdonald Had a Farm》 등 다른 마더구스를 담은 손가락 인형책들도 많이 있다.

재미있는 보드북

《MOO, BAA, LA LA La》/ Sandra Boynton

동물 울음소리가 나와 있어서 재미있게 따라할 수 있다. 이 시기에는 의성어, 의태어가 나와 있는 책을 보는 것이 좋다. 이 작가의 책은 워낙 유명하니 《The Going to Bed Book》, 《Barnyard Dance!》, 《I Love You, Little Pookie》, 《Doggies》 등의 책들도 한번 살펴보자.

《Brown bear, Brown bear, What Do You See?》 / Bill Martin Jr.

아이들 그림책에 관심이 있다면 좋아할 만한 책이다. 문장 구조가 반복되고 있어서 따라 하기도 좋다. 에릭 칼의 『From Head to Toe』도 이 시기에 보기 좋다.

《Yummy Yucky》/ Leslie Patricelli

그림만 봐도 내용을 충분히 이해할 수 있는 쉬운 책이다. 같은 작가의 《Huggy Kissy》나 《Toot》도 아이와 함께 재미있게 읽을 수 있다.

《Counting Kisses》/ Karen Katz

아이와 상호작용하면서 읽어줄 수 있는 책이다. 잠자리에서 숫자를 세면서 아이에게 뽀뽀를 해주면서 읽어주면 좋다.

	**《Peek-a Who?》/ Nina Laden** 운율이 살아있는 말놀이를 통해 재미있게 읽을 수 있는 책이다. 오랫동안 사랑받은 베스트셀러 중 한 권이다.
	**《Color Zoo》/ Lois Ehlert** 여러 가지 도형으로 동물을 표현한 기발한 책이다. 책 속에 도형 모양으로 구멍이 나 있어서 더욱 재미있게 볼 수 있다.

　토들러 시기에는 마더구스(영미권 전래동요)를 책으로 읽어줘도 좋다. 아이가 어릴 때부터 마더구스를 많이 들려주었다면 이미 노래에 익숙해져 있기 때문에 즐겁게 볼 수 있을 것이다. 아이가 이해할 수 있는 단어가 많아지면 좀 더 스토리가 있는 책을 읽어주는 것도 좋다. 아이와 함께 그림을 보며 즐길 수 있는 좋은 책들이 많이 있다. 또 이 시기에는 활동량이 많아지면서 책에 대한 관심이 일시적으로 줄어들기도 하는데 이때 재미있는 팝업북이나 조작북을 활용하여 책에 대한 관심을 불러일으킬 수도 있다.

팝업북

《Dear Zoo》/ Rod Campbell

상자에서 동물이 하나씩 나오는 재미있는 책이다. 팝업북도 있고 플랩북으로도 나와 있어서 골라 볼 수 있다.

《Charlie Chick》/ Nick Denchfield

찰리라는 병아리가 모이를 먹으며 점점 커지는 내용이다. 꽉 찬 그림과 함께 신체 부위가 팝업으로 튀어나오는 재미있는 책이다. 시리즈로 나와 있으니 다른 주제도 찾아볼 수 있다.

《The Wide-Mouthed Frog》/ Keith Faulkner

개구리가 만나는 동물마다 무엇을 먹는지 물어보는 이야기이다. 개구리와 동물들의 입이 입체적으로 표현되어 있어서 재미있다.

《Pop-up Peekaboo! Baby Dinosaur》/ DK

DK 출판사에서 나온 팝업북 시리즈 중 하나이다. 다소 글밥은 많은 편이지만 플랩과 팝업이 함께 있어서 그림을 보며 재미있게 볼 수 있다. 《Pop-up Peekaboo!》 시리즈에 다양한 책이 나와 있으니 하나씩 골라보는 재미가 있을 것이다.

조작북

《Maisy Grows a Garden》/ Lucy Cousins

귀여운 생쥐 메이지가 정원을 가꾸는 내용이다. 탭(tab)을 잡아당기면 씨를 뿌릴 수 있고 물을 줄 수도 있다. 《Maisy Goes to Bed》도 물을 마시고 화장실에 가는 등 자기 전에 하는 일들을 재미있게 볼 수 있다. 같은 시리즈에 여러 편이 있으니 살펴보면 좋다.

《Brush Your Teeth, Please》/ Jean Pidgeon

여러 동물들의 얼굴이 나오면서 칫솔을 움직여 양치질을 할 수 있게 되어 있는 재미있는 책이다.

(Poke-a-Dot) Who's in the Ocean?》/ Melissa & Doug

아이들 장난감 회사로 유명한 멜리사앤더그에서 나온 책이다. 동그란 플라스틱 뽁뽁이를 하나씩 톡톡 누를 수 있고, 《Poke-a-Dot》 시리즈 중의 한 권이다. 공룡이나 색깔, 마더구스 등 다양한 주제가 있다.

《Let's Care For Baby!》/ Geraldine Krasinski

《Play Learn Do》 시리즈 중 한 권이다. 아기를 보살피는 행동을 하나씩 재미있게 해볼 수 있다.

플랩북

《Where Is Baby's Belly Button?》 / Karen Katz

아이의 손이나 눈, 배꼽 등 신체 부위를 재미있게 찾아보면서 읽을 수 있는 책이다. 이 작가의 책은 주로 이렇게 사랑스러운 플랩북이 많이 있다. 《Toes, Ears, & Nose!》 등 다른 책들도 한번 살펴보자.

《Where's Spot?》 / Eric Hill

유명한 《Spot》 시리즈 중의 한 권이다. 다양한 플랩을 들춰가며 귀여운 강아지 스팟이 어디 있는지 찾는 내용이다. 스팟 시리즈는 플랩북 외에 일반 그림책도 많이 나와 있다. 영유아 시기에 읽어주면 좋다.

재미있는 그림책

《Hooray for Fish》 / Lucy Cousins

'메이지(Maisy)'의 작가인 루시 커즌스의 그림책이다. 색깔을 비롯한 여러 가지 형용사를 배울 수 있다. 유튜브에서 노래를 찾아서 함께 들어보는 것도 좋다. 《Jazzy in the Jungle》 등 루시 커즌스의 책에는 강렬한 색감의 재미있는 책이 많으니 한번 찾아보자.

《The Very Hungry Caterpillar》 / Eric Carle

에릭 칼의 대표작 중에 하나인 이 책은 배고픈 애벌레가 음식을 하나씩 하나씩 먹으면서 멋진 나비가 되는 내용이다. 워낙 인기가 많아서 팝업북, 손가락 인형북 등 다양한 버전으로도 나와 있다.

《Whose Baby Am I?》 / John Butler

아기 동물들이 한 마리씩 나오면서 어떤 동물의 아기인지 맞춰보는 내용이다. 그림이 생생하면서도 사랑스러워서 어린아이부터 좋아한다.

《Rain》 / Robert Kalan

교육자인 로버트 칼란이 글을 쓰고, 칼데콧 상을 두 번이나 수상한 도널드 크루스(Donald Crews)가 그림을 그렸다. 비 오는 날의 풍경을 아주 간결한 표현으로 명확하게 전달한다.

《School Bus》 / Donald Crews

스쿨버스의 하루를 큼직큼직한 그림과 쉬운 어휘로 강조한다. 탈것을 좋아하는 아이라면 이 작가의 《Truck》이나 《Freight Train》, 《Flying》도 추천한다.

《Orange Pear Apple Bear》 / Emily Gravett

케이트그린어웨이상 수상자인 에밀리 그래빗이 쓴 그림책이다. orange, pear, apple, bear, there 이 다섯 단어만 활용해서 단어들이 합쳐진 모습을 기발하고 재미있게 표현하고 있다. 같은 작가의 《Monkey and Me》도 쉽고 재미있게 읽을 수 있는 책이다.

《Good Night, Gorilla》/ Peggy Rathman

밤이 된 동물원의 모습을 재미있게 그린 책이다. 개구쟁이 동물들이 한 마리씩 우리를 탈출해서 동물원 직원을 따라간다. "Good night." 한 문장으로 이야기를 쉽고 재미있게 꾸려가고 있다.

마더구스 책

마더구스를 책으로 나타낸 건 정말 종류가 많다. 아이가 좋아하는 노래를 검색해서 몇 권을 따로 사는 것도 좋고, 마더구스 책을 집중적으로 보여줄 계획이라면 전집을 사는 것도 괜찮다. 개인적으로 Nosy Crow 출판사에서 나온 《Sing Along With Me!》 시리즈를 추천한다. 조작북으로 나온 책인데 단행본으로도 살 수 있고 한글 가이드가 포함된 세트도 판매되고 있다. 마더구스는 책으로 꼭 사지 않아도 괜찮다. 음원만 들려주거나 영상으로 보여주는 것도 좋다.

팝업북이나 플랩북은 유아기에 영어를 시작하는 아이에게도 좋다. 보는 것 자체로도 흥미 있게 영어를 접하게 된다. 다만 이미 모국어 체계가 완성되었기 때문에 너무 쉬운 주제보다는 문장은 짧지만 스토리가 있는 책이 좋다. 아이의 일상생활과 관계가 있거나 요즘 관심을 가지고 있는 주제에 대한 책이라면 더욱 좋다. 팝업북이나 플랩북으로 영어를 처음 시작하는 아이의 흥미를 유발하면서 다음 단계인 그림책 읽어주기를 병행하면 된다. 재미있는 책에 대한 관심이 그림책을 꾸준히 볼 수 있는 힘을 기르게 해준다.

Q&A
아이에게 영어로 말 걸기, 꼭 해야 하나요?

많은 부모들이 엄마표 영어를 시작하며 아이에게 영어로 말을 걸어줘야 하는지 고민한다. 아이가 어릴수록 모국어 혼동이 올까봐 걱정도 되고, 하고 싶은데 잘하지 못해서도 걱정이다. 이럴 때 스트레스 받지 않고 할 자신만 있다면 아이에게 영어로 말 걸기를 해보는 것을 추천한다. 아이들은 두 가지 언어를 동시에 접해도 유연하게 배울 수 있다. 특히 어릴수록 더욱 효과적이다. 물론 영어 실력에 자신이 없어서 못한다면 안 해도 괜찮다. 스트레스 받을 필요가 없는 문제이다. 아이는 다른 곳에서 얼마든지 영어 인풋을 쌓을 수 있기 때문에 걱정하지 않아도 된다.

먼저 모국어 혼동에 대해 한마디 하자면 가정에서 영어로 말 걸기를 한다고 해서 모국어 혼동이 쉽게 오지 않는다. 국제결혼 가정이나 두 개 이상의 공용어 환경에서 자란 아이가 언어를 유창하게 구사하는 것을 보면 알 수 있을 것이다. 더군다나 한국에서는 모국어를 접할 기회가 절대적으로 많이 있지 않은가. 그런데도 모국어 혼동이 온다면 그건 영어 인풋 쌓는 것에만 너무 집중했기 때문이다. 한글책 읽기도 꾸준히 해주면서 모국어 발달에도 신경 써야 하는데 그렇게 하지 못한 것이다. 한국어와 영어의 균형을 맞출 수 있도록 유의해서 인풋을 쌓으면 된다. 그럼 아이들은 두 언어 모두 유연하게 받아들이게 될 것이다.

어릴 때부터 부모가 영어로 말 걸기를 해주면 아이는 영어 소리에 굉장히 친숙해진다. 생활 속에서 영어를 자연스럽게 익힐 수 있을 뿐만 아니라 실제 상황 속에서 직접 영어를 듣기 때문에 책이나 영상을 통해 영어를 접하는 것보다 훨씬 효과적이다. 간단한 아웃풋을 끌어낼 수도 있다. 그런데 많은 부모가 영어 실력 때문에 시작도 전에 망설인다. 하지만 몇 가지 간단한 표현만으로도 시작할 수 있다는 것을 알았으면 좋겠다. 가장 큰 목적은 어릴 때부터 영어에 친숙해지는 것이라고 생각하자. 특정 장소나 시간에만 영어로 이야기하는 것도 괜찮다. 게임을 할 때나 목욕을 할 때 영어를 사용하는 식으로 말이다.

일상에서 활용할 수 있는 영어 표현을 담은 책이 많이 나와 있다. 오랫동안 사랑받은 《Hello 베이비 Hi 맘》부터 《엄마표 세마디 생활영어》까지 다양한 책이 출간되어 있으니 활용하면 된다. 모두 상황별로 엄마와 아이가 나누는 대화를 담고 있다. 교재처럼 공부할 수 있는 책도 있고 각 상황을 모두 그림으로 표현하여 부담 없이 볼 수 있는 책도 있다. 부모의 취향에 맞게 골라서 보면 된다. 매일 조금씩 문장을 익히고 아이와의 일상에서 꾸준히 사용해 보자. 아직 아이가 어리다면 평소에 많이 하는 표현을 영어로 익혀도 좋고, 부담 없는 간단한 문장으로 시작하면 충분하다. 다만 영어로 말 걸기를 할 때 주의해야 할 점은 하나의 문장에 두 언어를 함께 사용하는 것이다. 한국어와 영어는 어순이나 문법 체계가 전혀 다른 언어이기 때문에 두 언어가 가지는 고유의 뉘앙스나 어감도 다르다. 두 언어를 섞어 쓰는 것은 오히려 각 언어 체계를 형성하는 데 혼란을 줄 수 있다.

미국의 언어학자 촘스키(Chomsky)에 따르면 인간은 선천적으로 언어 습득 장치(Language Acquisition Device)를 타고 난다고 한다. 이 언어 습득 장치는 나이가 어릴수록 더욱 왕성하다. 아이들은 지금 두 언어를 그대로 받아들일 수 있는 준비가 되어 있는 상태이니 걱정하지 말고 영어로 말을 걸 때는 영어로만 문장을 완성하자.

그렇다고 영어로 말 걸기를 못해주는 것에 너무 자책할 필요는 없다. 많은 엄마가 자신의 영어 실력을 두고 자책을 한다. 엄마표 영어를 결심하며 영어 공부를 시작했지만 포기하기도 한다. 아이 영어도 신경 쓰면서 내 영어 실력까지 키워서 영어 대화까지 하려니 당연히 부담스러워진다. 그런데 정말 명심해야 할 것은 엄마표 영어는 장기전이라는 것이다. 그리고 아이에게 영어가 재미있다는 것을 인식시키는 게 무엇보다 중요하다 엄마가 영어 때문에 스트레스를 받으면 아이도 영어가 즐겁지 않다.

무엇보다 부모가 영어를 능숙하게 말하는 것이 아니라면 아이에게 해줄 수 있는 영어는 한정적일 수밖에 없다. 아이가 어릴수록 일상생활에 대한 기본적인 내용이 중심이 되기도 한다. 모국어 대화를 생각해 봐도 부모가 아이와 대화를 나눌 때 수준 높은 이야기를 나누는 것이 아니다. 영어에 친숙해지는 데 좀 더 도움이 되라고 말 걸기를 해주는 것이라고 생각하면 된다. 못한다고 해서 자책할 필요는 전혀 없다. 영어 말 걸기 대신 영어책 읽기나 영상 보여주는 것에 더욱 관심을 쏟아주면 된다. 무엇보다 아이의 영어 실력이 부모를 뛰어넘으면 영어로 말 걸기도 그때는 더 이상 못한다.

그러니 부모가 스트레스 받지 않고 실천할 자신이 있으면 영어로 말 걸기를 시도해보고 그렇지 않다면 미련을 접고 내가 할 수 있는 것에만 집중하자. 아이는 엄마 말고도 얼마든지 영어를 접할 수 있으니까. 오히려 영어 인풋을 쌓는 데 부모의 영어는 아주 적은 비중을 차지한다고 할 수 있다. 부모의 영어 실력이 엄마표 영어의 필수 조건이 절대 아니라는 점을 기억하기 바란다. 내가 할 수 있는 만큼 즐겁게 하기! 엄마가 지치지 않아야 아이도 오랫동안 따라올 수 있다.

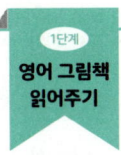

영어 그림책, 왜 중요할까?

　그림책은 영어책 읽기를 시작하는 단계에서 매우 중요하다. 모국어 독서에서도 마찬가지다. 어린아이가 책 읽기를 해나가기 위해 그림책은 필수로 거쳐야 한다. 영어 그림책은 국내에서는 주로 양장본(Hardcover)으로 많이 나온다. 양장본은 딱딱한 표지와 코팅된 얇은 내지로 이루어진 책이다. 그림책은 신생아 때부터 읽어주어도 되지만 보통 손힘을 자유자재로 조절할 수 있는 있는 유아기에 더 많이 본다. 그림책은 굉장히 다양한 주제를 다루고 있으며 아이들의 흥미를 이끌어내기에 충분하다. 그 속에 담긴 그림은 다채롭고 아름답다. 그림책은 아이를 영어책 읽기의 세계로 안내하는 데 충분한 길잡이 역할을 할 것이다.

　그림책으로 책 읽어주기를 시작해야 하는 가장 큰 이유는 첫 번째,

재미있기 때문이다. 그림책 속에는 아이가 좋아할 만한 다양한 이야기가 담겨 있다. 흔히 그림책을 0세부터 100세까지 볼 수 있는 책이라고 말한다. 그림책 속에는 우리 모두가 빠져들 수 있는 담겨 있기 때문이다. 영어를 그림책으로 접한 아이들은 일단 재미있으니 거부하지 않는다. 영어를 몰라도 그림을 보는 것만으로도 충분히 흥미진진하기 때문이다. 아이들은 그림을 보며 책에 관심을 가지고 이야기를 더욱 궁금해할 것이다.

두 번째는 그림책의 그림이 이야기를 이해하는 데 큰 도움을 준다는 점이다. 아이들은 모르는 단어나 표현이 있어도 그림의 도움을 받아 이해할 수 있다. 뒤에서 따로 설명하겠지만 1단계에서는 그림과 이야기가 일치하는 책을 활용하는 것이 매우 중요하다. 그림을 통해 맥락을 파악할 수 있어야 내용 이해에 도움을 받을 수 있기 때문이다. 아이는 그림책의 그림을 보며 내용을 짐작하고 영어도 함께 받아들이게 된다. 모르는 단어가 나와도 유추할 수 있는 능력을 키울 수 있게 되는 것이다.

특히 아이들은 아직 문자를 원활히 읽지 못하기 때문에 더욱 세밀히 그림을 관찰할 수 있다. 어른들이 그림보다 글을 먼저 보는 것과는 다르다. 아이들은 어른이 미처 보지 못하는 아주 작은 부분의 그림도 찾아낼 수 있다. 문자를 읽을 수 있게 되어도 유아기는 여전히 듣는 것이 더 잘 이해되는 나이이기 때문에 부모의 목소리를 귀로 들으며 열심히 그림을 탐색한다. 내용을 이해할 수 있도록 그림이 충분히 도와주고 있다. 이 과정을 겪는다면 어떤 그림책이든 겁 없이 읽을 수 있게 될 것이다. 그림의 도움을 받아 내용을 이해하는 법을 터득했기 때문이다.

세 번째는 영어 그림책을 통해 자연스럽게 다양한 어휘와 문법을 배울 수 있다는 점이다. 그림책은 하나의 문학 작품이다. 그 속에는 일상에서의 쉬운 표현뿐만 아니라 수준 높은 어휘와 표현도 다양하게 있다. 해당 수준에 맞는 어휘로만 구성되어 있는 리더스북과는 차이가 있다. 그림책의 재미에 푹 빠져 읽다 보면 단계나 수준에 관계없이 다양한 어휘와 표현을 익힐 수 있게 된다. 거기다 흥미진진한 스토리와 그림이 어휘와 표현을 더욱 오래 기억할 수 있게 해준다. 단어장을 들고 외우는 것보다 훨씬 효과적이다.

네 번째로는 그림책이 아이의 다양한 발달에 도움을 준다는 점이다. 그중 빼놓을 수 없는 것은 아이의 정서 발달이다. 아이가 태어날 때부터 다양한 정서를 느끼고 표현할 수 있는 것은 아니다. 여러 자극과 경험을 통해서 발달시켜 나가게 된다. 그림책은 아이가 다양한 정서적 체험을 할 수 있게 돕는다. 그림책을 통해 다양한 감정을 느끼고 표현하는 방법을 배울 수 있게 되는 것이다.

예를 들어 앤서니 브라운(Anthony Browne)의 《How Do You Feel》을 통해 다양한 감정을 표정과 행동으로 이해할 수 있다. 안나 예나스(Anna Llenas)의 《The Colour Monster》를 통해 감정을 색깔로 재미있게 표현할 수도 있다.

또 다른 강점은 집중력 발달이다. 집중력은 다양한 영역으로 구성되는데 그중 가장 기본적인 것이 시각과 청각 집중력이다. 주위의 다양한 정보 중에서 시각과 청각 정보에 가장 먼저 관심을 두기 때문이다. 아이는 그림책을 볼 때 눈으로는 그림을 귀로는 부모의 목소리에 집중하고 있다. 아직 영어에 서툴기 때문에 시각과 청각을 총동원해야 이야기를 이해할 수 있기 때문이다. 아이는 그림책을 보는 과정을 통해 집중력을 기르는 연습을 할 수 있게 되는 셈이다.

다섯 번째로 영어 그림책은 아이가 세상을 보는 눈을 키워준다. 언어 그 이상의 것을 배울 수 있는 것이다. 가장 기본적으로는 주위의 일상에 대해서 이해할 수 있으며 그림책에 나온 다양한 이야기를 통해 여러 가지 일을 간접 체험할 수 있다. 또 한글책과는 다르게 영어 그림책은 주로 영미권의 문화를 반영하고 있기 때문에 더 넓은 세상을 인식하고 이해하는 데 도움을 받을 수 있다. 아이들은 그림책을 통해 다양한 세상의 모습을 보고 문화를 이해할 수 있는 경험을 풍부하게 쌓는다.

그림책을 통해 얻을 수 있는 유익함은 이것 말고도 더 많이 있다. 하나하나 설명하는 게 진부할 만큼 잘 알고 있는 정보일 것이다. 엄마가 해야 할 일은 아이의 연령과 취향에 맞는 그림책을 선택해서 읽어주는 것이다. 그럼 아이는 그림책의 재미에 푹 빠지게 될 것이다. 그림책이 아이 영어책 읽기의 첫 단계이자 필수 단계라는 사실을 반드시 기억하자. 그림책이 영어책 읽기의 쉽고 부담 없는 출발이 되어 줄 것이다.

영어 그림책 읽어주는 방법

영어 그림책을 읽어주는 일은 아이와 함께 하는 활동임을 기억해야 한다. 책을 읽어주는 사람은 부모이지만 아이도 이 활동의 적극적인 주체가 되어야 한다. 부모는 책을 읽어주면서 아이의 반응을 잘 살피고 상호작용을 해야 한다. 부모의 노력에 따라 아이가 더 흥미 있게 참여할 수도 있고 그렇지 않을 수도 있다. 여기에서 알려주는 기본 원칙을 기억하면서 책을 읽어주자. 무엇보다 아이와 함께하는 재미있는 시간이 되도록 노력해야 한다.

첫 번째 원칙은 큰 목소리로 생동감 있게 읽어주는 것이다. 이야기에 어울리는 감정을 덧붙여서 읽어주면 아이는 더욱 귀를 쫑긋하며 들을 것이다. 앞서 청각 집중력에 대해 언급했다. 나이가 어릴수록 높은 톤의 강약이 있는 목소리에 더욱 집중을 하게 된다. 아이에게 책을 읽어줄 때는 최대한 연기하듯이 생동감 있게 읽자. 목소리를 바꿔가기도 하면서 조금은 과장해서 읽어주는 게 좋다. 그림책은 그림이 대부분을 차지하기 때문에 한 권 읽는 데 몇 분 정도밖에 걸리지 않는다. 아이의 집중력도 길지 않기 때문에 짧은 시간에 최선을 다하자.

무엇보다 영어는 리듬감이 있는 언어이다. 아이가 보는 그림책에는 이런 영어의 특징이 잘 드러나 있다. 좋은 그림책일수록 라임(rhyme)이 살아 있고 리듬감이 풍부하게 담겨 있다. 책을 읽으면서 운율을 느낄 수 있다. 이런 멋진 책을 줄줄 읽어주기만 한다면 영어의 진정한 맛을 느끼지 못할 것이다. 물론 너무 과장해서 읽는 바람에 아이가 오히려 책에 집중을 못하면 안 될 것이다. 책 속의 이야기에 맞는 가장 적절한 표현을 해줄 필요가 있다. 한글책 읽어줄 때와 똑같다고 생각하면 된다. 아이와 시선을 맞추며 감정을 담아 재미있게 즐기면서 읽어보자.

많은 부모들의 걱정 중 하나가 자신의 영어 발음이다. 영어 발음이 좋지 않기 때문에 책을 읽어주기가 부담스럽다고 한다. 그러나 부모의 영어 발음 때문에 아이가 영어를 망칠 가능성은 제로에 가깝다. 아이는 자라면서 다양한 곳에서 영어를 접하게 될 테니까 말이다. 부모의 발음은 아이가 듣는 영어 소리의 극히 적은 일부분일 뿐이다. 또박또박 천천히 읽어주어도 된다. 다만 읽어주기 전에 오디오나 유튜브를 통해서 한두 번 정도는 모르는 단어를 파악하며 듣는 노력이 필요하다. 전체 줄거리를 엄마가 먼저 알고 있어야 더 실감나게 읽어줄 수 있을 것이다.

두 번째는 아이의 속도에 맞추는 것이다. 아이가 충분히 그림을 볼 수 있도록 여유를 주자. 어른은 글을 보며 책을 읽지만 아이는 그림을 보며 책을 읽는다. 어른의 속도가 아닌 아이의 속도에 맞춰야 하는 이유다. 아이는 그림을 보고 느끼며 엄마가 미처 발견하지 못한 이야기도 그림에서 발견한다. 아마 부모는 아이에게 그 페이지에 그런 그림이 있었다는 이야기를 듣고 깜짝 놀란 경험을 해봤을 것이다. 그러니 아이가 충분히 이야기를 음미할 시간을 주자. 직접 책장을 넘기게 하는 것도 책 읽기 과정에 주도적으로 참여시키는 좋은 방법이다.

만약 아이가 페이지를 빨리 넘기고 싶어 하거나 앞으로 되돌아가고 싶어 한다면 그냥 지켜보면 된다. 자신이 좋아하는 동물이 없어서 빨리 넘어가고 싶어 할 수도 있고, 앞에 미처 못 본 내용이 궁금해서 다시 돌아가고 싶을 수도 있다. 아이들은 아직 어리기 때문에 자신이 흥미를 느끼는 것 중심으로 시선이 간다. 책을 읽는 주체인 아이의 흐름을 존중하자. 무엇보다 부모가 책을 읽을 때 처음부터 끝까지 다 읽어야 한다는 강박을 버리는 게 중요하다. 각 페이지에 나와 있는 문장을 다 읽어야 되는 것도 아니다. 지루한 부분은 생략해도 되며 아이가 좋아하는 부분은 내용을 덧붙여 읽어도 된다.

책을 다 읽은 후에 아이가 원한다면 기꺼이 몇 번이고 반복해줘야 한다. 다시 읽어줄 때도 마치 처음 읽는 것처럼 생동감 있게 읽어주어야 한다. 사실 아이들은 좋아하는 이야기가 생기면 반복하는 것을 좋아한다. 다양한 책을 골고루 보기를 바라는 것은 부모의 희망일 뿐이다. 아이가 원하는 만큼 충분히 반복해서 읽어주자. 아이는 아직 그 책에서 더 느끼고 상상할 것이 남아 있는 것이니 말이다. 아이는 반복을 통해 안정감을 느끼고 상상의 나래를 펴는 중이다. 무엇보다 반복은 자연스럽게 어휘와 표현을 습득하는 데 최고의 방법이다.

세 번째는 적절한 타이밍을 선택해 꾸준히 책 읽어주기를 실천하는 것이다. 아이의 기분을 잘 살피며 책에 몰입할 수 있도록 해야 한다. 한창 뛰어 놀 시간인 낮 시간보다는 오후의 간식 시간이나 자기 전의 편안한 시간이 좋겠다. 매일 비슷한 시간대에 꾸준히 책을 읽으면 아이는 그 시간이 익숙해질 것이다. '오늘은 피곤하니까 하루 쉬자.'라는 생각은 금물이다. 한 권을 읽더라도 매일 꾸준히 책을 보는 시간을 갖는 것이 중요하다.

시간과 관련해서 또 하나 이야기할 것은 너무 무리하게 진행하지 않는 것이다. 아이가 잘 본다고 해서 너무 많은 책을 들이밀면 아이는 질려한다. 내일을 기약하며 아이가 아쉬움을 느낄 때 끝내는 것도 좋은 방법이다. 그럼 아이는 다음 책 읽는 시간을 더욱 기다리게 될 것이다. 처음 그림책 읽어주기를 시작한다면 한두 권, 5분 정도를 목표로 시작해도 좋다. 그러다 조금씩 익숙해지면 차츰 권수를 늘리면 된다. 하지만 시간은 최대 30분을 넘기지 않도록 하자. 아직은 양보다 질을 신경 써야 할 때이다. 아이의 집중력이 유지될 때 책 읽기의 즐거움을 느끼게 하는 것이 가장 좋다.

네 번째는 영어책을 읽어주며 내용을 확인하려고 하지 않는 것이다. 내용을 이해하고 있는지 단어의 뜻은 알고 있는지 궁금하겠지만 이런 의도적인 질문은 참아야 한다. 책의 내용을 얼마나 파악하고 있는지 물어보는 행동은 아이의 책 읽는 즐거움에 훼방을 놓는 일이다. 책 읽어주기는 영어 학습이 아니다. 특히 아이가 영어로 대답하기를 기대하면서 영어 질문을 시도하는 부모라면 지금은 그저 시작 단계일 뿐이라는 것을 기억하자. 책 읽어주기를 매일 꾸준히 진행해야 다음 단계도 수월하게 진행할 수 있다. 단어 하나, 영어 표현 하나 확인하려다 더 중요한 것을 놓치지 않기를 당부한다.

무엇보다 중요한 것은 책을 읽는 시간이 아이와 부모 모두에게 즐거운 시간이 되도록 하는 것이다. 최선을 다해서 즐겁게 읽어주되 무리하지 않기. 말처럼 쉽지만은 않겠지만 욕심을 부린다고 해서 아이가 내 마음처럼 따라와 주지도 않는다는 것을 명심하자. 오히려 영어책에 질려서 도망가면 다시 되돌리는 노력이 몇 배로 더 든다. 조금씩 아이가 원하는 만큼 즐겁게 읽어주자. 부모와 재미있게 영어책을 본 기억은 나중에 아이가 스스로 영어책을 즐길 수 있는 힘을 길러준다.

그림과 글이 일치하는
재미있고 쉬운 그림책 보여주기

   영어책 읽어주기는 아이의 책 읽기 여정의 시작 단계라는 것을 기억하자. 아이가 포기하지 않고 책 읽기를 꾸준히 할 수 있도록 습관을 잡는 단계이다. 따라서 흥미를 잃지 않고 책 읽기에 참여할 수 있는 책을 선정하는 것이 무엇보다 중요하다. 아이의 취향과 연령, 인지 수준 등을 다양하게 고려해서 책을 고르자. 특히 이때는 아이가 아직 영어책 읽기의 진정한 즐거움을 모르는 경우가 많고, 영어 수준도 낮은 편이기 때문에 책 선정에 심혈을 기울여야 한다.

   영어책을 고를 때 가장 우선적으로 생각해야 하는 것은 재미이다. 이 책의 초반부터 계속해서 강조하고 있는 것 중에 하나이다. 재미는 책 읽기뿐만이 아니라 영어 습득 전 단계에서 가장 중요한 역할을 한다. 특히 나이가 어릴수록 더 중요하게 작용한다. 유아기 전후의 아이는 아직 동기나 학습 목표를 가질 때가 아니다. 이 시기에는 재미나 흥미가 아이를 몰입하게 하는 유일한 무기이다. 아이가 아직 이해를 잘 못해도 책을 들여다보는 이유는 재미있거나 궁금하기 때문이다.

엄마는 아이에게 좀 더 책 속의 감동을 느끼게 하고 싶고 교훈적인 이야기도 해주지만 대부분의 아이들은 아직 책을 보고 깊은 감동과 여운을 느끼기에는 이르다. 아직 똥이나 방귀 같은 소리에 더 반응하는 때이다. 아이의 웃음이 끊이지 않는 재미있는 책을 많이 보여주자. 온갖 더러운 행동은 다 모아놓은 것 같은 《That's Disgusting!》 같은 책 말이다. 아이들은 "또! 또!"를 외치며 눈을 반짝일 것이다.

두 번째로 고려해야 할 것은 아이의 흥미이다. 흥미는 사실 재미와 비슷하기도 하고 조금 다르기도 하다. 여기서 흥미는 어떤 것을 궁금해 하면서 호기심을 가지는 것이라고 할 수 있다. 꼭 깔깔대며 웃을 수 있는 책이 아니더라도 아이가 관심을 가지고 몰입할 수 있는 책이라면 좋다. 교육학의 많은 연구에서도 흥미가 동기를 유발하고 학습에 긍정적 영향을 미친다는 결과를 내놓았다. 아이는 호기심이 생기면 자연스럽게 몰입한다. 아이의 흥미를 불러일으키는 요인은 여러 가지가 있겠지만 중요한 두 가지만 소개한다.

첫 번째는 아이가 평소에 좋아하는 소재나 주제가 나와 있는 책을 보여주는 것이다. 성별의 영향을 많이 받는 부분이기도 한데 예를 들어 평소에 기차를 좋아하는 남자아이라면 다양한 색깔의 화물열차가 나오는 도널드 크루스(Donald Crews)의 《Freight Train》을 보여주는 것이다. 기차를 좋아하는 아이는 어려운 단어나 문법을 가리지 않고 책의 내용을 그대로 흡수한다. 또 하나는 아이와 비슷한 연령대의 주인공이 나오는 책을 보여주는 것이다. 특히 자신의 일상과 비슷한 내용이 나오면 아이는 주인공을 자신과 동일시하기 때문에 더욱 주의 깊게 본다. 부모가 책을 보여주기 전에 아이가 비슷한 경험을 할 수 있도록 해주는 것도 좋은 방법이다.

그림책을 고르는 세 번째 기준은 그림이 스토리를 직접적으로 나타내고 있는지를 살펴보는 것이다. 이건 책 읽기 시작 단계에서 시작 단계에서 반드시 그림책을 봐야 하는 이유와도 관계가 있다. 아직 영어에 익숙하지 않은 아이는 그림을 통해 내용을 이해하는 데 도움을 받는다. 그래서 그림으로 이야기를 재미있게 즐길 수 있어야 한다. 영어를 시작하는 단계일수록 이야기와 그림이 일치하는 것을 고르자. 아이는 이해하지 못하는 단어나 표현이 있어도 그림을 보며 충분히 따라올 것이다.

마지막으로 문장이 간결하고 문장 구조가 반복되는 책을 고르자. 일단 문장이 간결하면 부모와 아이 모두 부담 없이 책을 볼 수 있다. 특히 영어 그림책을 처음 접하는 아이라면 그림 하나에 문장 한 개 정도가 적당하다. 문장 구조가 반복되는 것도 매우 중요하다. 문장 구조가 반복되면 비슷한 문장 속에서 라임을 찾을 수 있다. 이런 책은 읽을 때 리듬감이 느껴지기 때문에 아이들의 귀에 더 쏙쏙 들어온다. 음악적 요소는 아이가 책의 내용을 자연스럽게 외울 수 있도록 도움이 되기 때문에 노래를 그림책으로 나타낸 것을 시작 단계에 활용해도 유용하다.

이때 한 가지 주의할 점은 아이의 연령에 따른 인지 수준을 고려해야 한다는 점이다. 영유아기부터 영어책을 읽어주는 것이 가장 이상적이지만 학령기에 처음 영어책을 접하는 아이들도 있다. 이 경우 영어 실력은 낮지만 인지 수준은 유아기 수준이 아니기 때문에 지나치게 유치하고 단순한 책은 오히려 아이의 흥미를 떨어뜨릴 수 있다. 쉽고 재미있으면서도 아이의 연령에 맞는 인지적 요소들이 들어 있는 책을 고르자. 함께 게임을 하며 즐길 수 있는 책도 좋다. 에르베 튈레(Herve Tullet)의 《Press Here》이나 《Mix It Up》처럼 재미있는 활동이 있는 책도 추천한다.

아래는 아이들이 흥미와 재미를 느끼면서도 쉽게 읽을 수 있는 책을 소개한 것이다. 이 목록을 참고해서 아이가 좋아하는 책을 찾아보자. 아이는 생각보다 다양한 것에 관심이 많으니 너무 좁은 범위 안에서 찾지 않아도 된다. 아이가 좋아하는 한글책을 참고하는 것도 좋은 방법이고, 좋아하는 주제나 작가로 범위를 확장해가며 찾아보는 것도 좋다. 대부분의 영어책 구매 사이트에서는 관련 도서를 추천하고 있다. 작가별, 주제별, 연령별로 도서를 고르는 데 도움을 받을 수 있고, 구매자 후기를 살펴볼 수도 있다.

그림책

《Freight Train》 / Donald Crews

칼데콧상 수상작. 철로를 달리는 화물 열차를 한 칸씩 보여준다. 간결하면서도 명확하게 내용을 전달하고 있다. 특히 기차나 탈것을 좋아하는 아이가 좋아하는 책이다.

《Dinosaur Roar!》 / Paul Stickland

사나운 공룡, 온순한 공룡, 친절한 공룡, 심술궂은 공룡 등 서로 반대되는 공룡을 다양하게 보여준다. 자연스럽게 어휘를 익힐 수 있으며 공룡을 좋아하는 아이에게 보여주면 좋다.

《Go Away, Big Green Monster!》 / Ed Emberley

책에 뚫린 구멍을 활용해서 괴물의 얼굴이 그려져 있다. 아이들과 함께 괴물을 쫓아내면서 재미있게 읽을 수 있는 책이다. 같은 작가의 《Nighty Night, Little Green Monster》도 아이들에게 인기가 많은 책이다.

《The Colour Monster: A Story About Emotions》 / Anna Llenas

여러 가지 감정이 뒤섞인 귀여운 색깔 괴물이 각각의 색깔로 감정을 정리하는 내용이다. 색깔로 감정을 표현해서 쉽게 이해할 수 있다. 팝업북도 있어서 더욱 재미있게 읽을 수 있다.

	《I Used to Be Afraid》 / Laura Vaccaro Seeger 거미나 어둠, 변화, 혼자 있는 것 등을 무서워했던 어린 소녀가 두려움을 극복한 이야기를 담고 있다.
	《They All Saw a Cat》 / Brendan Wenzel 2017년 칼데콧상 수상작. 같은 고양이지만 누가 보는지에 따라 모습이 달라지는 굉장히 독창적인 내용이다. 아이와 함께 이야기를 나누며 읽어볼 수 있다.
	《Dot》 / Patricia Intriago 기쁨과 슬픔, 맛있는 쿠키와 맛없는 쿠키 등 둥근 점 하나로 많은 것을 표현하고 있는 기발하고 창의적인 내용이다.
	《Today Is Monday》 / Eric Carle 각 요일마다 음식을 먹고 있는 동물이 하나씩 나온다. 새로운 음식과 전날 먹은 음식 이름이 반복해서 나오기 때문에 운율을 느끼면서 재미있게 따라할 수 있다. 책을 읽은 후에 어떤 동물이 어떤 음식을 먹었는지 이야기해 보는 것도 좋다.
	《What's the Time, Mr. Wolf?》 / Annie Kubler 시간을 묻는 질문이 반복해서 나온다. 늑대 아저씨가 시간과 함께 무엇을 해야 할 때인지 알려준다. 시간과 일상 표현을 익힐 수 있다. 늑대 입이 손가락 인형으로 되어 있어서 실감나게 읽어줄 수 있다.

《If You See a Kitten》/ John Butler

꼭 껴안고 싶은 고양이를 본다면 "아(Ahhh)!"라고 말하기! 고양이부터 끈적끈적한 민달팽이까지 다양한 동물을 보며 어떤 반응을 보일지 아이와 함께 재미있게 읽을 수 있다.

《I Need a Hug》/ Aaron Blabey

가시털이 빽빽한 호저가 동물 친구들에게 자신을 안아줄 수 있냐고 묻지만 모두 다 거절하며 도망간다. 하지만 뱀과 만나 서로를 꼭 껴안아 주는 사랑스러운 결말이다.

《How Do You Feel?》/ Anthony Browne

"How do you feel?(기분이 어때?)"라는 질문에 다양한 감정으로 대답하고 있다. 그림만 봐도 어떤 감정인지 알 수 있을 정도로 표현력이 좋다.

《That's Disgusting!》/ Bernadette Gervais & Francesco Pittau

표지부터 쓰레기통에 들어가서 웃고 있는 아이가 등장한다. 각종 더러운 행동은 다 하고 있는 주인공을 보며 아이들은 웃음을 참지 못하는 책이다.

《Not a Box》/ Antoinette Portis

가이젤상 수상작. 자동차부터 우주선까지 상자 하나로 엄청난 상상력을 볼 수 있는 책이다. 책을 다 읽은 후에는 아이와 함께 도형으로 여러 가지 상상력을 발휘해 볼 수 있다. 이 책을 좋아한다면 같은 작가의 《Not a Stick》도 재미있게 읽을 수 있을 것이다.

《Titch》 / Pat Hunchins

삼남매의 막내인 티치의 이야기이다. 항상 형, 누나에게 뒤처지는 것 같지만 마지막에 웃는 사람은 티치다. 형제자매가 있는 아이들이 보면 더 좋아하는 책이다. 이 책보다 글밥은 많지만 시리즈 책도 나와 있으니 살펴보자.

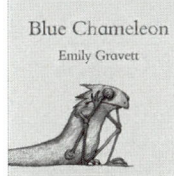

《Blue Chameleon》 / Emily Gravett

외로운 카멜레온이 색깔을 바꿔가며 친구를 찾는 이야기이다. 만나는 상대마다 다양하게 변신하는 카멜레온의 모습을 볼 수 있다.

《Again!》 / Emily Gravett

'again' 하나는 확실히 배울 수 있는 책이다. 잠자리에서 아기 용(dragon)이 엄마에게 계속해서 책을 읽어 달라고 조르는 내용으로 마지막에는 화가 난 아기 용이 불을 내뿜어서 책에 구멍이 나 있는 재미있는 책이다.

《Ball》 / Mary Sullivan

가이젤상 수상작. 공을 좋아하는 강아지 이야기로 처음부터 끝까지 'ball'이라는 단어 하나만 나온다. 상황에 맞게 감정을 듬뿍 담아서 읽어주면 아이들이 정말 좋아한. 같은 작가의 《Frankie》와 《Treat》도 함께 보기 좋다.

《Press Here》 / Herve Tullet

그림책과 상호작용하면서 읽을 수 있는 재미있고 창의적인 책이다. 페이지를 넘길 때마다 알록달록한 색깔의 점들이 변한다. 같은 작가의 《Mix It Up!》 역시 상호작용하며 읽을 수 있는 기발한 책이다.

	《Tap the Magic Tree》/ Christie Matheson
	앙상한 나무를 톡톡 두드리면 잎이 자라고 열매가 열리는 마법을 볼 수 있는 책이다. 책과 상호작용하며 읽을 수 있는 기발하고 재미있는 책이다.
	《Jamberry》/ Bruce Degen
	아이와 곰이 각종 산딸기류(berry)를 따라 가는 이야기로 그림이 멋지다. 라임까지 살아 있어서 아이와 함께 읽기 좋다.

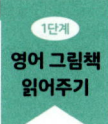

그림책 구입하는 방법

    영어 그림책을 구매하는 방법은 다양하다. 아마 가장 많이 활용하는 방법은 온라인 서점일 것인데, 오프라인 매장보다 훨씬 저렴하게 살 수 있는 것이 장점이다. 잘 알고 있는 교보문고나 YES24 같은 대형 서점도 있고, 북메카, 동방북스처럼 영어책을 전문적으로 판매하는 서점도 있다. 요즘은 중고 서점 사이트도 활발히 운영되고 있으니 선호하는 방법에 따라 구입하면 된다. 오프라인 서점은 할인은 적은 편이지만 아이와 직접 가서 책을 보고 고를 수 있다는 장점이 있고, 오프라인 중고 서점도 좋다. 요즘은 영어책 읽기에 대한 관심이 높아져서 도서관에서도 어린이 영어책을 많이 구비해 두고 있다. 아이와 함께 도서관에 가서 책을 보는 것도 좋을 것이다.

    가장 저렴하게 책을 찾으려면 온라인 영어 전문 서점을 추천한다.

대표적으로 북메카, 동방북스, 웬디북, 키즈북세종, 하프프라이스북 등이 있다.

대표적인 온라인 영어전문 서점

북메카(ABCBooks)	www.abcbooks.co.kr
동방북스	www.tongbangbooks.com
웬디북	www.wendybook.com
키즈북세종	www.kidsbooksejong.com
하프프라이스북	www.halfpricebook.co.kr

개인적으로 책 가격을 비교하는 데 너무 오랜 시간이 걸리는 것은 비효율적이라고 생각한다. 그것 말고도 부모가 알아봐야 할 것은 산더미처럼 쌓였으니까. 그래서 위의 온라인 서점에서 책을 검색해서 가장 저렴한 곳에서 구매할 것을 추천한다. 가끔은 네이버 최저가에서 검색해서 교보문고나 YES24, 알라딘 같은 대형 서점에서 사는 것도 좋다. 영어책 전문서점이든 대형서점이든 온라인 서점에서는 할인 행사를 자주 하는 편이다. 지금 내가 사려는 책을 할인하는 곳에서 구매를 하는 것이 여러모로 절약하는 일일 것이다.

북메카나 동방북스 같은 온라인 서점은 유아교육전(유교전)에서도 할인 행사를 자주 하는 편이다. 시간이 된다면 직접 유교전에 가서 책을 골라보는 것도 추천한다. 만약 직접 보고 책을 사는 것을 선호한다면 알라딘이나 YES24에서 운영하는 중고 서점도 좋다. 미리 온라인으로 재고 현황을 확인하고 갈 수도 있다. 중고서점으로 유명한 '개똥이네'도 전국에 오프라인 매장을 운영하고 있으니 가까운 매장을 찾아보자.

요즘은 워낙 중고 거래가 활발하게 이루어지고 있어서 당근마켓이나 중고나라, 맘카페 등에서도 중고 책을 구할 수 있다. 좋은 책인데 절판된 도서들을 거래하기도 좋다. 영어책 읽기 초반에는 아이가 좋아하는 책을 찾는 것이 무엇보다 중요하기 때문에 다양한 책을 살펴봐야 한다. 또 아이가 본격적으로 책을 읽기 시작하면 생각보다 많은 책이 필요하다. 그때마다 모든 책을 다 사는 것보다 중고로 구입하는 것도 부담을 줄일 수 있는 방법이다.

아니면 도서관에서 책을 다양하게 빌려 보고 아이가 마음에 들어하는 책만 구입하는 것도 방법이다. 요즘 도서관에는 영어책이 많이 있을 뿐만 아니라 영어 전문 도서관도 전국에서 운영되고 있다. 집 가까운 곳에 갈 수 있는 영어도서관이 있다면 아이와 함께 자주 방문해 보자. 특히 영어책 읽기가 자리 잡은 후에는 충분히 책을 많이 읽어야 하는데 이때 도서관을 활용하는 것도 매우 좋은 방법이다.

아래는 전국에 있는 공공(일반 및 어린이) 영어도서관 목록이다. 이 밖에 작은(문고) 도서관도 운영되고 있으니 집 주변의 영어도서관을 한번 찾아보길 바란다. 국가도서관통계시스템(www.libsta.go.kr)을 방문하면 전국의 도서관 현황을 볼 수 있다. 매년 정보가 업데이트되고 있으니 종종 방문해 보자.

전국 공공 영어도서관

도서관 구분	지역	도서관명
공공(일반)	서울	강서영어도서관
공공(일반)	부산	부산영어도서관
공공(어린이)	부산	동구어린이영어도서관
공공(어린이)	부산	영도어린이영어도서관
공공(일반)	대구	달서영어도서관
공공(일반)	대구	서구영어도서관
공공(일반)	경북	포항시립어린이영어도서관
공공(일반)	경남	밀양시립영어도서관
공공(일반)	경남	양산영어도서관
공공(일반)	전북	완주군립 둔산영어도서관
공공(일반)	전남	목포영어도서관

책 구매 여부를 떠나 책 관련 온라인 카페를 주기적으로 방문하는 것도 좋다. 책 카페에서는 책 공동구매를 많이 진행하는데 책을 사지 않고 보는 것만으로도 영어책을 보는 안목을 기를 수 있다. 다른 사람의 영어책 후기를 보는 것도 좋다. 우리 아이와 비슷한 연령의 아이들이 어떤 책을 선호하는지 파악하는 데 도움이 되기 때문이다. 영어에 자신이 있다면 아마존 같은 해외 사이트에서 책 후기를 보는 것도 좋다. 정말 영어책은 하나도 모르겠다면 먼저 도서관에 가보는 것도 괜찮다. 어떤 작가와 주제의 책이 있는지 둘러보면서 영어책의 흐름을 파악하는 데 도움을 받을 수 있기 때문이다.

Q&A
영어책 거부하는 아이, 어떻게 해야 하나요?

아이가 영어책을 안 보려고 해서 고민인 부모도 많을 것이다. 어릴 때는 잘 보다가 갑자기 안 보기도 하고, 초등학교 갈 무렵부터 영어를 시작하려고 책을 보여주었더니 거부하기도 한다. 어찌 보면 지극히 당연한 현상이다. 한국에 살면서 모국어 실력이 영어 실력보다 좋은 게 당연하니까. 모국어가 발달하면서 상대적으로 잘 이해가 되지 않는 영어책이 얼마나 답답할지 생각하면 쉽다. 이때 부모가 생각해 봐야 할 몇 가지에 대해 이야기해 보겠다.

일단 영어책을 거부할 때는 쉽고 재미있는 책이 답이다. 영어책을 처음 시작하는 아이라면 당연히 재미있게 시작을 해야 관심을 가질 수 있다. 준비 단계에서 언급했던 것처럼 놀이로 재미있게 접근해 보자. 생각보다 아이의 흥미를 끌 수 있는 책이 많이 있다. 영어를 잘 못하는 아이도 플랩북이나 조작북처럼 재미있는 책은 좋아하게 마련이다. 무엇보다 책 읽기 시간이 즐거운 시간이 되어야 한다. 책을 읽은 후에 재미있는 활동을 같이 하거나 게임을 하는 것도 좋다. 아이의 관심을 끌기 위한 부모의 노력이 정말 절실하다.

아이가 영어책을 거부하면 부모는 애가 탄다. 다 포기하고 싶어지지만 대부분의 원인은 부모에게서 찾을 수 있다. 그래서 《영어책 읽기의 힘(길벗, 2020년)》에서는 부모가 영어책 읽어주기를 점검할 수 있도록 체크리스트를 제공한다. 책을 선택하는 것부터 읽어주는 요령, 환경과 분위기 조성 등 다양한 부분에서 책 읽어주기를 점검하도록 돕는다. 결국 아이의 영어책 거부는 부모가 제대로 된 책 읽어주기의 원칙을 지키지 않았기 때문에 일어난다고 볼 수 있다. 영어책 읽기 과정에서 아직은 부모의 역할이 큰 시기이다. 아이가 쉬운 책을 재미있게 즐길 수 있도록 부모도 노력해야 한다.

특히 아이가 영어책을 잘 보기 시작하면 부모는 욕심을 내기 시작한다. 충분히 책을 경험할 시간을 주지 않고 더 높은 수준의 책을 들이미는 것이다. 그렇게 되면 처음에는 영어책을 좋아하던 아이라도 어느 순간 흥미를 잃게 된다. 아이가 영어책을 밀어낸다면 너무 욕심을 낸 건 아닌지 다시 돌아보자. 아이가 계속 한국어로 다시 이야기해달라고 하는 경우도 마찬가지다. 책이 어려워서 이해되지 않는 것이기 때문에 쉽고 재미있는 책부터 시작해야 한다.

아직 책 읽는 습관 자체가 온전히 들지 않은 아이라면 잘 따라올 수 있도록 유도하는 것도 필요하다. 아이가 원하는 보상을 줄 수도 있을 것이다. 초기에 책 읽기 습관을 잘 잡아두는 것이 책 읽기를 진행하는 데 도움이 되기 때문에 공을 잘 들여놔야 한다. 속에서 열불이 나도 아이의 비위를 잘 맞춰줘야 한다. 시작은 외적 보상으로 해도 된다. 아이가 크면서 책 읽기의 즐거움을 알게 되면 그때는 보상이 없어도 스스로 잘할 것이다.

아직 아이가 어리고 여유가 있다면 영어책을 거부할 때 잠시 기다려주는 것도 좋다. 한글책 독서를 놓지 않고 할 수 있으면 걱정하지 않아도 괜찮다. 마음을 비우고 이때가 모국어 실력을 올릴 시기라고 생각하는 것이다. 결국 영어책도 한글책을 잘 읽는 아이가 잘 볼 수 있다. 한글책으로 독서 습관을 잡으면서 아이의 마음이 돌아올 때까지 기다리자. 그동안은 영어 영상이나 놀이 등으로 영어에 대한 재미를 조금씩 맛보게 하면서 말이다. 영어는 장기전이라는 사실을 기억하고 아이가 오랫동안 영어를 즐길 수 있도록 만들어 주자.

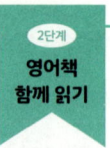

아이와 함께 읽는 영어책

영어책 읽기의 2단계는 '함께 읽기'이다. 말 그대로 엄마와 아이가 책을 함께 읽는 것이다. 부모가 책 읽어주기를 주도했다면 이제는 아이도 책을 '읽는' 활동에 참여하는 것이다. 함께 읽기 단계는 아이가 책을 보는 것에서 읽는 것으로의 변화가 일어나는 단계이다. 그 전까지는 부모가 읽어주는 것을 들으며 책을 보았지만 이제는 스스로 읽을 수 있는 연습을 시작한다. 그 과정에서 아이의 영어는 '소리'에서 '문자'로 확대될 것이다. 본격적으로 책을 읽는 연습을 하기에 앞서 문자를 인식하고 문자와 소리의 관계를 이해할 수 있게 된다.

함께 읽기를 통해 아이도 본격적으로 책 읽기에 참여하게 된다. 엄마표 영어에서 영어책 읽기의 최종 목표는 아이의 읽기 독립이다. 함께 읽기는 그 첫발을 떼는 것으로 아이가 좀 더 효율적으로 그 과정을 해낼 수 있도록 도와줘야 한다. 함께 읽기를 통해 아이는 조금씩 읽기에 참여하면서 스스로 책을 읽을 수 있다는 자신감을 갖게 된다. 거기에 충분한 연습이 더해지면 아이는 결국 혼자서도 읽기를 잘할 수 있게 된다.

무엇보다 자신감을 가지고 차근차근 단계를 밟아가는 것은 아이의 자기효능감(self-efficacy)을 쌓는 데 큰 도움이 된다. 자기효능감은 자신이 어떤 일을 성공적으로 할 수 있는 능력이 있다고 믿는 것이다. 아이가 스스로 소리 내어 읽기를 하기에 앞서 부모와 함께 영어책을 읽으며 조금씩 먼저 해보는 과정을 겪게 하자. 아이 혼자 책 전체를 다 읽어야 한다는 부담 없이 시작하는 것이다. 그 과정에서 아이는 해 볼 만하다고 느끼게 되고 결국 스스로 읽을 수 있는 힘을 기른다. 교육학에서도 자기효능감은 학습에 긍정적인 영향을 미치는 중요한 요인이다.

함께 책 읽기는 마치 놀이를 하듯이 할 수 있다. 유아기는 아이가 역할 놀이를 정말 좋아하는 시기이다. 역할을 나눠 책을 읽게 되면 이야기에 좀 더 몰입하게 되는 효과가 있다. 영어의 다양한 표현을 실제로 사용한 것과 비슷한 효과를 낼 수도 있다. 좀 더 자연스럽게 영어 표현을 습득할 수 있는 것이다. 게다가 혼자 읽거나 듣기만 하는 것이 아니기 때문에 책 읽기에 대한 집중도도 훨씬 높아진다. 엄마가 하는 말을 들으면서 자신의 순서를 기다리는 즐거움이 어느새 아이 혼자 책 한 권을 다 읽어냈다는 성취감에 빠져들도록 할 것이다.

그럼 함께 읽기는 언제 시작하는 것이 효과적일까? 일단 영어 그림책을 충분히 읽어준 후에 시작하는 것이 좋다. 그림책 읽어주기와 영상 보기를 최소 6개월에서 1년 이상은 지속한 후에 하는 것이 필요하다. 함께 읽기 단계는 책을 '보는 것'에서 '읽는 것'으로 변화가 일어나는 단계이다. 문자에 대한 습득(또는 학습)이 일어나기 때문에 먼저 듣기로 충분한 인풋을 쌓는 게 바탕이 되어야 한다. 그러다 아이가 문자에 대한 관심을 보이면 시작하면 된다.

가능하면 아이가 먼저 한글을 뗀 후에 영어책 함께 읽기를 하는 것을 추천한다. 꼭 한글을 유창하게 읽어야 하는 것은 아니고 일단 문자에 대한 이해가 생기고 나서 시작하자는 것이다. 문자 학습은 아이의 뇌 발달과 관계가 깊다. 아이가 문자를 인지할 수 있을 만큼 뇌가 충분히 발달한 후에 문자를 배우는 것이 더 효과적이기 때문이다. 그럼 아이가 받는 부담도 줄어들게 된다. 개인차가 있기는 하지만 보통 7세 전후의 아이가 문자에 관심을 많이 보인다고 한다. 7세에 시작해서 단기간에 뗄 수 있는 것을 준비도 되지 않은 어린아이에게 굳이 시킬 이유가 없다. 이른 학습은 아이와 부모에게 스트레스만 줄 뿐이다.

아이가 문자와 소리의 관계에 대해 인식할 수 있으면 그때 함께 읽기를 통해 문자를 이해하도록 하자. 저절로 문자를 익히는 아이도 있지만 파닉스 학습이 필요한 아이도 분명히 있을 것이다. 어떤 방법으로 문자를 익혔든 문자 규칙은 단시간에 익히고 그 뒤로는 읽기 연습을 충분히 해나가는 것이 효과적임을 알아두면 좋다. 물론 반드시 7세까지 기다리라는 것은 아니다. 언어 발달이 빠른 아이는 4세에도 한글을 떼기도 한다. 하지만 남의 이야기 말고, 내 아이의 발달에 따라 아이가 준비가 되었다고 생각할 때 하면 된다. 중요한 것은 문자에 대한 호기심을 보일 때, 아이의 머릿속에 많은 인풋이 쌓였을 때 시작하는 것이다.

이때 한 가지 기억해야 할 것은 함께 읽기 단계는 초등 입학 전에 시작하는 것이 좋다는 점이다. 문자를 알게 되면 본격적으로 책을 읽어나가게 되는데 아이들이 영어책 읽기에 충분히 몰입할 수 있는 때는 초등 저학년 때밖에 없다. 고학년이 되면 다른 교과목이 생기니 상대적으로 여유가 없다. 그러니 초등 저학년 시기가 끝나기 전에 영어를 읽을 수 있는 과정을 거치는 것이 좋다. 최대한 책 읽기에 몰입할 수 있는 시간을 확보해 놔야 한다.

함께 읽기를 얼마나 지속해야 하는지는 아이의 진행 상황에 따라 차이가 있다. 다만 다음 단계인 소리 내어 읽기는 아이가 혼자 읽기를 본격적으로 해나가는 과정이다. 그 전까지는 충분히 함께 읽는 연습을 해주는 것이 필요하다. 무엇보다 스스로 책을 읽을 수 있다는 자신감을 심어주는 게 중요하다. 쉽고 재미있는 책을 나눠 읽으며 소리 내어 읽기에 익숙해지는 과정을 충분히 겪게 하자. 아이가 문자를 익혀 스스로 읽을 수 있게 되어도 유창하게 읽기까지는 시간이 필요하다. 부모의 도움 없이도 혼자 읽을 수 있다는 확신을 갖게 될 때까지 지속하는 것이 좋다.

책 읽어주기 역시 아이가 글을 읽을 수 있게 되어도 꾸준히 함께 해주어야 한다. 아이가 글을 읽게 되었다고 해서 아이에게 책 읽기를 온전히 넘겨서는 낭패를 겪을 수 있다. 아이는 아직 스스로 읽는 것보다 듣는 것이 이해가 잘 되는 나이이기 때문이다. 글을 읽을 수 있게 되었다고 책 읽어주기를 그만두면 아이는 책 읽기에 금방 흥미를 잃게 된다. 아직은 혼자 읽기에는 매우 벅찬 단계이다. 읽기 독립이 가능하기까지 충분히 아이 옆에서 함께 해주자. 그것이 책 읽어주기가 되었든 함께 읽기가 되었든 상관없다. 아이와 함께 책 읽기를 한다는 점에서 책 읽어주기와 함께 읽기는 맥락을 같이 하고 있다고 할 수 있다.

  소리로만 듣던 이야기를 눈으로도 이해하게 되는 것은 굉장히 큰 변화이다. 함께 읽기는 아이가 문자를 익히고 책을 읽을 수 있게 도와주는 단계이다. 물론 단순히 문자를 읽을 수 있는 것과 정말로 책을 읽을 수 있는 것은 다른 문제이긴 하다. 책 속의 이야기를 이해하고 느낀다는 것은 또 다른 차원으로 나아가는 것이기 때문이다. 함께 읽기는 이 두 과정의 연결 단계이다. 함께 읽기를 성공적으로 해나가며 아이는 책을 읽는 방법을 배우게 된다. 부모는 아이를 책 읽기에 초대해 즐겁게 책을 읽어주면 되는 것이다.

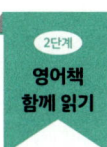

함께 읽기는 문장을 나눠 읽거나 한 문장씩 주고받으며 읽는 것이다

함께 책 읽기는 엄마와 아이가 책을 나눠 읽는 것이다. 하나의 문장을 나눠서 읽을 수도 있고 한 문장씩 또는 한 대사씩 맡아서 읽을 수도 있다. 동시에 한 목소리로 읽는 것도 가능하다. 그림책의 이야기에 따라 다양하게 선택할 수 있다. 일단 책 읽어주기로 충분히 영어 그림책에 익숙해졌다면 함께 읽기를 시작하면 된다. 이때 이미 통문자로 글을 읽을 수 있는 아이도 있고 그렇지 못한 아이도 있을 것이다. 기본적으로 함께 읽기는 아직 문자를 읽지 못할 때 시작한다고 할 수 있다. 함께 읽기 과정은 문자를 읽을 수 있는지 없는지에 따라 크게 두 단계로 나뉜다.

1단계는 영어 문자인 알파벳을 알기 전이고, 2단계는 알파벳을 알아가기 시작할 때이다. 가장 이상적인 것은 충분한 읽기를 통해 자연스럽게 알파벳을 익히고 읽는 방법을 터득하는 것이다. 하지만 그게 가능하지 않다면 중간에 영어 철자에 맞는 소리를 익히는 파닉스를 배우는 것도 필요하다.

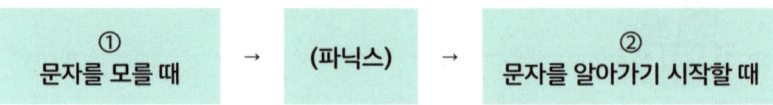

아이가 문자에 대한 이해가 없을 때는 부모가 이야기를 지어내서 책을 읽어주는 것이라고 생각한다. 그러다 점차 이야기가 책에 쓰인 문자와 관계가 있다는 것을 알게 된다. 그때가 함께 읽기를 진행하기에 최적의 시기이다. 그럼 먼저 문자를 익히기 전의 아이와 함께 읽기를 하는 방법을 소개한다.

아직 글을 못 읽는데 어떻게 함께 읽을 수 있는지 의문이 많이 들 것이다. 알파벳을 몰라도 함께 읽기를 충분히 할 수 있다. 그만큼 반복하면서 아이가 기억하도록 하는 것이다. 아이는 글을 읽기 전에는 그림을 보며 이야기를 듣고 내용을 기억하게 된다. 꼭 외우지 않아도 책의 그림을 보며 생각해 낼 수도 있다.

아이와 함께 영어 노래를 부른다고 생각하면 좀 더 이해가 잘 될 것이다. 부모가 주도적으로 부르는 노래에 아이를 참여시키는 것이다. 아이에게 책을 읽어주면서 다음에 나올 단어나 표현을 아이가 말할 수 있도록 기회를 주는 것이다. 물론 전제는 아이가 좋아해서 여러 번 반복한 책이어야 한다는 것이다. 엄마도 아이에게 책 한 권을 계속 읽어 주다 보면 저절로 외우다시피 하지 않나. 이제 아이도 책에서 들은 이야기를 입 밖으로 소리 내어 말할 수 있도록 하는 것이다. 이렇게 책을 나눠 읽는 것은 대화체로 나온 그림책만 가능한 것이 아니다. 아이가 좋아하는 책은 무엇이든 함께 읽을 수 있다.

먼저 함께 읽을 책을 최선을 다해서 재미있게 읽어야 한다. 아이가 반복해서 보기를 좋아하는 책을 여러 번 읽어준 다음 함께 읽기를 시작하면 된다. 가장 기본은 문장의 끝부분을 뜸을 들이면서 아이에게 말할 기회를 넘기는 것이다. 이 방법이 가장 부담이 적은 방법이다. 아이는 자신이 정말 좋아하는 책은 문장 전체를 달달 외울 수 있는 능력이 있다. 하지만 모든 책을 그렇게 다 외워서 말로 내뱉을 수는 없으니 자주 반복되는 문장이 있다면 그 문장의 마무리를 아이가 할 수 있도록 유도하자. 엄마가 여러 번 읽어준 책을 아이가 잘 이해하고 있을 때 조금씩 시도해 보는 것이 포인트다.

가끔은 아이와 한 페이지씩 나눠 읽는 것도 시도해 볼 수 있다. 한 페이지에 단어 또는 짧은 문장 하나 정도 있을 때는 아이도 그림을 보며 이야기할 수 있을 것이다. 이때 아이가 문장을 그대로 외워서 이야기하든 마음대로 각색해서 이야기하든 그건 중요하지 않다. 그림을 보며 재미있게 책을 읽을 수 있는 경험을 한다면 그걸로 충분하다. 아이가 이야기를 완성하려고 한다면 꼭 칭찬을 해주자. 아이는 부모가 읽어주는 이야기에 더욱 귀를 기울이게 될 것이고 좀 더 주도적인 역할을 하려고 할 것이다.

또한 함께 읽기를 시도한 책은 밤에 자기 전에 오디오로 한 번 더 듣는 것도 좋다. 소리 내어 읽은 이야기를 다시 들으면서 좀 더 정교하게 다듬을 수 있게 된다. 스스로 기억하고 있는 이야기를 점검할 수도 있으니 엄마가 잠시나마 휴식을 취할 수 있는 이점도 있다. 아이는 밤에도 자지 않고 책을 읽어 달라고 하는 경우가 많다. 적당히 책을 읽어준 후에 자야 할 시간이 되면 아이와 함께 누워서 이야기를 듣자고 제안하는 것이다. 이때 인공지능 스피커를 활용하는 것도 좋은 방법이다.

함께 읽기 단계에서는 아이의 문자 습득(또는 학습)이 진행된다. 책 읽기를 많이 해서 자연스럽게 문자를 깨우치는 아이도 있다. 그리고 파닉스 학습을 통해 문자의 규칙성을 배우는 아이도 있다. 파닉스는 바로 다음 장에서 이야기할 것이지만 그 전에 아이가 자연스럽게 문자를 깨우칠 수 있도록 부모가 기울일 수 있는 노력에 대해 잠시 이야기해 보겠다. 사실 아이가 책을 읽으며 스스로 문자를 익히는 것은 굉장히 이상적인 시나리오다. 충분한 읽기가 뒷받침되어야 가능한 일이니 말이다. 문자에 대한 관심과 인식도 있어야 하기 때문에 부모는 아이를 잘 관찰하고 있다가 필요한 시기에 도움을 주어야 한다.

시작은 그림책의 제목부터 천천히 하자. 책을 읽기 전에 책의 제목을 함께 읽는 것이다. 글자를 하나씩 짚어가면서 제목부터 읽기 시작하면 어느새 아이가 관심을 보이고 짧은 문장도 읽어 보려고 할 것이다. 이때 엄마는 아이가 문자를 인식할 수 있도록 책에 나온 글자를 하나씩 짚어주며 읽어주자. 엄마표 영어에서 흔히 '집중 듣기'라고 하는 것인데 엄마표 영어 초창기부터 지금까지 꾸준히 활용되어 온 방법이다. 아직 문자를 읽지 못하는 아이에게 문자를 인식시키는 데 효과적이다. 이 과정을 충분히 거친 아이는 파닉스 학습을 거치지 않아도 문자를 깨우치게 되는 경우가 많다.

다음은 파닉스 학습을 통해서든 저절로 깨우쳤든 이제 아이가 문자를 어느 정도 알게 된 단계이다. 이때부터는 더욱 다양한 방법으로 함께 책 읽기를 시도할 수 있다. 하나의 문장을 나눠 읽는 것도 좋지만 한 문장씩 나눠 읽는 것도 도전할 수 있다. 역할 놀이로 이야기를 주고받으며 본격적으로 나눠 읽을 수 있게 된다. 어떤 방법이든 아이와 즐겁게 할 수 있다면 모두 괜찮다. 이제 중요한 것은 아이가 터득한 소리와 문자의 규칙을 실제 책 읽기에서 활용하는 것이다. 아이가 부모와 함께 책을 읽으며 충분히 읽기 연습을 할 수 있도록 돕는 것이다.

아이는 엄마와 함께 책을 읽으며 큰 성취감을 느낄 것이다. 간혹 가족들에게 본인이 직접 책을 읽어주려고도 해 기특한 마음이 들기도 한다. 스스로 글을 읽을 수 있다는 기쁨은 정말 크다. 엄마는 옆에서 아이를 격려하며 책 읽는 시간을 더욱 즐겁게 만들어 주면 된다. 아이가 자신감을 가지고 읽기에 참여할 수 있도록 도와주자. 함께 읽기 단계에서 얻은 자신감은 앞으로 책 읽기를 진행해 나가는 데 큰 힘이 된다.

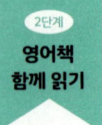

파닉스는 짧고 굵게 배우고, 책 읽기와 영상 보기로 마무리한다

　파닉스는 각 문자가 가진 소리를 익혀서 단어를 발음하는 법을 배우는 것이다. 문자와 소리를 연결하는 방법을 학습하는 것인데 한 번쯤은 들어봤을 것이다. 아이들 영어 학원에서 가장 먼저 배우는 것이 파닉스다. 일단 읽을 수 있어야 그다음 학습 진도를 나갈 수 있기 때문이다. 사교육을 받지 않고 영어를 습득한 아이는 파닉스를 따로 배우지 않고도 문자를 깨우치는 경우도 있다. 어떤 경우가 되었든 문자를 읽는 것은 책 읽기를 지속적으로 해나가는 데 필수적인 작업이다.

　영어의 문자를 익히고 소리를 적용하는 것은 한글을 익히는 것과 비슷하다. 어떤 아이는 책 읽기를 통해 혼자 문자를 깨우쳐서 파닉스 학습이 필요 없기도 하지만 어떤 아이는 엄마가 한글의 자음과 모음을 가르치듯이 알파벳의 음을 가르쳐야 하는 경우도 있다. 아이의 책 읽기 정도나 발달 정도에 따라 차이가 있지만 대체적으로 책을 많이 본 아이는 스스로 깨우쳐서 읽기 시작하는 경우가 많다. 물론 꼭 그렇지 않더라도 책 읽기를 통해 이미 문자의 상당 부분을 이해하고 있는 경우가 많기 때문에 약간의 파닉스 학습만 더해줘도 금세 글을 읽게 된다.

간혹 파닉스를 처음 보는 문자를 읽는 방법을 배우는 것이라고 오해하는 부모가 있다. 이것은 이미 소리로 충분히 들어서 알고 있는 언어를 문자와 연결시키는 것이다. 문자를 보고 읽는 방법을 배우는 것으로 파닉스를 배울 때는 듣기로 이미 충분한 인풋이 쌓여 있는 상태여야 한다.

인풋이 없는 상태에서 파닉스만 배운다면 소리 내어 읽기만 가능할 뿐 그 이상의 의미는 없다. 이미 소리로 인식하고 있는 영어 단어를 문자로도 읽기 위해 배우는 것이 되어야 하는 것이다. 책 읽기와 영상 보기를 통해 충분한 인풋이 쌓여 있는 상태에서 시작하는 것이 원칙이다.

무엇보다 영어 인풋이 충분히 쌓여 있지 않은 상태라면 파닉스 학습은 아이에게 큰 부담이 될 수 있다. 파닉스도 배우면서 새로운 단어도 익혀야 하기 때문이다. 영어 인풋이 충분히 쌓여 있어야 그 안에서 파닉스 학습이 이루어질 수 있다. 이미 이해하고 있는 단어를 활용해서 소리와 문자를 익히는 것이 파닉스 학습에 가장 효과적이다. 인풋이 충분히 쌓여 있는 상태라면 파닉스는 한 달 이내, 빠르면 2주 만에도 정리할 수 있다. 파닉스 학습을 오래 끌게 되면 아이들은 질려할 수 있으니 기본 규칙을 간단히 익힌 후에 읽기를 통해 충분히 연습하도록 하는 것이 훨씬 더 효과적이라는 사실을 잊지 말자.

시중에는 다양한 파닉스 교재가 나와 있다. 영어 원서부터 국내에서 출판된 교재까지 다양하게 구할 수 있다. 어떤 것이든 큰 차이는 없기 때문에 아이가 좋아하고 부모가 활용하기 쉬운 것을 선택하면 된다. 대부분 쉬운 것부터 차례대로 익힐 수 있도록 제시되어 있으니 교재 순서에 따라 학습하면 크게 무리가 없다. 다만 교재를 통해서는 파닉스의 기본 원리를 익히고 활용은 책 읽기를 통해 한다고 생각하면 된다. 처음부터 파닉스를 완벽히 하겠다고 덤비면 지루하고 긴 학습이 될 수 있다. 파닉스를 실제 텍스트에 적용해 충분한 연습을 하는 것이 더 중요하다.

무엇보다 파닉스 학습을 통해 읽을 수 있는 단어는 전체에서 70% 정도라고 한다. 영어에는 파닉스 규칙대로 발음되지 않는 단어가 상당히 많다는 의미다. 그래서 미국에는 스펠링 비(Scripps National Spelling Bee)라는 유명한 영어 철자 맞추기 대회가 있을 정도이다. 이 대회의 결승전은 미국 전역에 생중계될 정도로 인기가 많은 대회로 그만큼 영어에는 소리와 문자가 일대일로 연결되지 않는 것이 많아서 철자를 익히는 게 어렵다는 것을 보여준다. 아이들이 이 모든 걸 '공부'로 배운다면 너무 힘든 일이 될 것이다. 자연스러운 습득을 통해 단어를 익혀나가는 과정도 반드시 필요하다.

결국 문자를 깨우치는 것은 책 읽기에 필수적인 과정이지만 무엇보다 중요한 것은 영어 인풋을 지속적으로 쌓는 것이다. 인풋이 쌓여 있는 상태에서 시작한 파닉스 학습은 아이의 읽기에 날개를 달아줄 것이다. 파닉스를 익힌 후에도 계속해서 영어 인풋을 쌓으며 파닉스 규칙을 다지는 과정이 필요하다. 만약 파닉스 학습을 시도했는데 아이가 받아들이지 못한다면 다음에 다시 시도하면 된다. 아직 아이가 문자 학습에 대한 준비가 되어 있지 않을 수 있기 때문이다. 조급해하지 말고 꾸준히 책과 영상을 통해 인풋을 쌓으며 기다리자. 파닉스는 읽는 방법을 깨우치는 학습일 뿐이라는 것을 명심하자.

간단히 읽을 수 있는
쉬운 책이 좋다

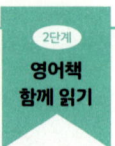

 함께 읽기 단계라고 해서 1단계와 책이 크게 차이 나는 것은 아니다. 기본적으로는 아이가 좋아하는 쉽고 재미있는 그림책을 꾸준히 보는 것이 중요하다. 그래서 2단계에서도 1단계의 책 선택 기준을 바탕으로 책을 선택하면 된다. 책 읽어주기는 가능한 한 오래 지속할수록 좋다. 계속해서 아이의 취향과 영어 수준에 맞게 그림책을 골라 읽어주자. 아래는 2단계에서 아이에게 읽어주면 좋은 그림책이다. 1단계보다 주제가 확장되고 수준도 높아졌다.

그림책

《Bear Came Along》 / Richard T. Morris

칼데콧상 수상작. 강물에 빠진 곰이 강물을 따라 통나무를 타고 가며 여러 동물들을 만나고 함께 모험을 하는 이야기이다. 강을 따라가지 않았다면 몰랐을 새로운 세계를 알게 된다.

《Stick and Stone》 / Beth Ferry

외로운 나뭇가지와 돌멩이가 만나 친구가 되는 이야기이다. 잔잔하면서도 서로를 위하는 우정이 매우 감동적이고 사랑스럽다. 라임까지 살아있어 더욱 즐겁게 읽을 수 있다.

《The Carrot Seed》 / Ruth Krauss

오랫동안 사랑받은 고전 그림책이다. 당근 씨앗을 심은 아이에게 사람들은 싹이 나지 않을 것이라고 이야기하지만 아이는 포기하지 않는다. 결국 아주 큰 당근을 수확하게 된다. 끈기를 가지고 노력하는 자세를 배울 수 있다.

《Mama Don't Allow》 / Thacher Hurd

주인공 마일즈가 색소폰을 연주할 곳을 찾아 돌아다니다 악어 떼에게 잡아먹힐 위기에 빠지는 내용이다. 무사히 위기를 모면할 때까지 가슴 졸이며 흥미진진하게 볼 수 있다.

《Sam and Dave Dig a Hole》 / Mac Barnett

샘과 데이브가 어떤 멋진 것을 찾기 위해 계속해서 땅을 파는 이야기이다. 아이와 함께 이야기를 나누며 읽기 좋은 책이다.

《If You Give a Mouse a Cookie》 / Laura Numeroff

"만약에 생쥐에게 쿠키를 준다면"으로 시작해서 그다음 이야기가 꼬리에 꼬리를 물며 이어진다. 'if'를 활용해서 다음 이야기를 상상하며 재미있게 읽을 수 있다.

《Marvin Wanted More!》 / Jeseph Theobald

다른 양보다 몸집이 더 커지기를 바라며 닥치는 대로 먹어 치우던 마빈이 있는 그대로의 자신을 사랑하게 되는 교훈적인 이야기이다.

《Willy the Champ》 / Anthony Browne

또래들보다 작고 약한 윌리는 친구들의 놀림을 받기도 하지만 주위의 시선을 신경 쓰지 않는다. 필요할 땐 용기도 낼 줄 아는 멋진 캐릭터이다. 있는 그대로의 자신을 사랑하는 법을 배울 수 있는 책이다.

《Slow Loris》 / Alexis Deacon

동물원에 사는 늘보 로리스의 이야기이다. 모든 행동이 느린 늘보 로리스를 모두 따분하다고 생각하지만 알고 보니 밤에는 반전 생활을 하고 있었다. 누군가를 겉만 보고 쉽게 판단하면 안 된다는 것을 느끼게 해준다.

	《Olivia and the Fairy Princesses》/ Ian Falconer
	올리비아 시리즈 중 한 권이다. 또래 여자아이들이 공주가 되고 싶어 하는 것과는 달리 개성 있고 진취적인 삶을 원하는 돼지 소녀 올리비아의 이야기이다.
	《Little Mouse Gets Ready》/ Jeff Smith
	가이젤상 수상작. 외출을 준비하는 꼬마 생쥐의 이야기이다. 마지막에 작은 반전으로 인해 웃음을 자아낸다. 만화 형식에 쉬운 표현으로 구성되어 있어 부담 없이 읽기에 좋은 책이다.
	《Diary of a Wombat》/ Jackie French
	웜뱃은 호주에 사는 작은 곰 같이 생긴 동물이다. 웜뱃의 일상을 평화롭고 잔잔하게 그려내고 있다. 뒹굴며 하루를 보내는 모습이 정말 귀엽다.
	《My Friend Rabbit》/ Eric Rohmann
	칼데콧상 수상작. 나뭇가지에 걸린 비행기를 꺼내기 위해 엉뚱하고도 기발한 일을 벌이는 토끼와 그런 토끼를 이해해 주는 생쥐의 우정 이야기이다.
	《Owl Babies》/ Martin Waddell
	어느 날 밤, 잠에서 깬 아기 부엉이들이 엄마를 기다리는 이야기이다. 아기 부엉이들의 모습과 대화가 정말 사랑스럽다. 숲의 밤 풍경을 아주 아름답게 그려 놓았다.

《Night Animals》 / Gianna Marino

다른 야행성 동물을 피해 숨어 있는 야행성 동물들의 재미난 이야기이다. 동물들의 대화와 표정이 정말 재미있게 표현되어 있어서 아이와 깔깔대며 볼 수 있다.

《The Animal Boogie》 / Debbie Harter

정글의 모습을 생동감 있게 보여주는 책이다. 정글 곳곳에 있는 동물들을 찾아보는 재미가 있다. 라임이 잘 살아 있기 때문에 더욱 재미있게 읽어줄 수 있다.

《Swim the Silver Sea, Joshie Otter》 / Nancy White Carlstrom

함께 놀 친구들을 찾아 혼자 바다로 나간 아기 수달이 여러 바다 동물들을 만나는 이야기이다. 날이 어두워지자 무서워진 아기 수달은 엄마의 목소리를 듣고 무사히 집으로 돌아가게 된다.

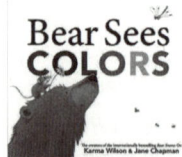

《Bear Sees Colors》 / Karma Wilson

아름다운 그림을 통해 색에 대해 알 수 있는 책이다. 그림 구석구석에 색과 관련된 사물이나 식물 등이 그려져 있어서 아이와 함께 찾아보는 재미가 있다.

《The Gruffalo》 / Julia Donaldson

글밥은 좀 많은 편이지만 반복이 많아서 쉽고 리듬감 있게 읽을 수 있다. 작은 생쥐가 숲속 괴물인 그루팔로를 들먹이며 위기를 벗어나다가 진짜 그루팔로를 만나게 되는 흥미진진한 이야기이다.

	**《My Lucky Day》/ Keiko Kasza** 아기 돼지를 잡아먹으려는 여우와 영리한 아기 돼지의 이야기이다. 모든 것은 다 아기 돼지의 계획이었다는 사실에 웃음을 터뜨리게 된다.
	**《That Is Not a Good Idea!》/ Mo Willems** 배고픈 여우가 거위를 잡아먹으려 유인하지만 반전 결말을 맞게 되는 흥미진진한 이야기이다.
	**《Love You Forever》/Robert Munsch** 자식에 대한 뭉클한 사랑을 나타내는 이야기이다. 글밥이 많지만 반복되는 문장이 많고 무엇보다 아이에게 사랑을 듬뿍 담아서 읽어주기 좋은 감동적인 책이다.

2단계에서는 문자를 익혀 가는 단계이기 때문에 '쉽게 읽을 수 있는 책'을 추가해서 보는 것이 좋다. 아이가 자신감을 가지고 충분히 연습하는 것이 다음 단계로의 도약에 필수적이기 때문이다. 먼저 아직 문자를 읽지 못할 때는 새로운 책보다는 1단계에서 여러 번 읽어 준 책을 활용하는 것이 좋다. 그중에서도 짧고 쉬우면서 운율이 살아 있는 책이 좋다. 단어나 문장 구조가 반복되어서 리듬감이 느껴지기 때문이다. 운율과 리듬감이 있는 문장은 아이가 쉽게 기억할 수 있다. 우리가 노래를 반복해서 듣다 보면 저절로 외워지는 것과 비슷한

원리이다. 재미있는 문장과 리듬감이 있는 문장들을 반복해서 읽다 보면 저절로 입에 붙게 될 것이다.

아이가 점차적으로 문자를 읽을 수 있게 되면 더욱 짧고 쉬운 문장이 있는 책을 추가하는 것이 좋다. 이제 막 글을 읽기 시작한 아이가 자신감을 가질 수 있도록 해야 하기 때문이다. 문장이 쉬우면서도 구어체인 것이 함께 읽기 시간을 더욱 재미있게 만들 것이다. 함께 읽기로 역할놀이를 하는 것도 좋다고 말했는데 이야기 속 주인공이 되어 대화하듯이 읽은 문장은 오랫동안 기억에 남는다. 실제 일상생활 속에서 활용도 가능해질 수 있다.

이 단계에서 가장 추천하는 책은 모 윌렘스(Mo Willems)의 《Elephant and Piggie》이다. 그림책이라기보다는 리더스북의 하나로 한 줄짜리 문장으로 구성된 정말 쉬운 책이다. 리더스북을 본격적으로 읽는 시기는 다음 단계지만 이 책은 함께 읽기 단계에서도 충분히 활용이 가능하다. 특히 역할놀이를 하면서 읽기에 정말 좋다. 모두 짧고 쉬운 구어체 대화로 이루어져 있다. 말하는 인물에 따라 말풍선의 색깔이 다르게 표시되어 있어서 보기도 쉽고, 무엇보다 등장인물의 에피소드가 재미있다.

《Elephant and Piggie》/ Mo Willems

칼데콧 아너 상을 3번이나 수상한 모 윌렘스가 쓴 책이다. 《Elepahant & Piggie》시리즈로는 총 7번의 가이젤상을 수상했다. 이 책은 현재 25권까지 나와 있다. 제럴드라는 코끼리와 피기라는 돼지의 이야기로 둘이 함께 노는 모습이 재미있어서 웃음을 자아낸다. 유아부터 초등 저학년 아이까지 정말 재미있게 보는 책이다. 엄마가 아이에게 읽어주기에도 좋고 함께 읽기에도 좋은 책이다. 무엇보다 대화가 짧고 쉬운 편이고 구어체이기 때문에 읽기를 시작하는 아이들이 보기에 좋다. 모 윌렘스의 다른 작품인 《The Pigeon》시리즈도 쉽고 재미있는 내용으로 구성되어 있다. 수다스러우면서도 사랑스러운 비둘기가 주인공으로 나온다. 이 책보다는 글밥이 있는 편이지만 《Knuffle Bunny》시리즈도 추천한다.

2단계에서 파닉스 학습을 하였다면 파닉스 규칙을 적용한 책을 읽는 것도 도움이 된다. 특히 닥터 수스의 책들이 위트가 있으면서도 읽기 연습을 하기에 최적화된 책들이다. 그중에서도 《Hop on Pop》은 미국 아이들이 파닉스를 배울 때 기본적으로 한 번씩 볼만큼 유명한 책이다. 조금 더 수준 있는 책으로는 《Green Eggs and Ham》이 있다. 모두 읽기 연습을 하기에 최적화된 책이다. 《Dr. Seuss' ABC》도 알파벳을 재미있게 익히기에 좋다.

　개인적으로 적극 추천하지는 않지만 파닉스 규칙을 단계적으로 활용할 수 있는 파닉스 리더스북도 있다. 스토리는 그림책과 비교할 수 없을 정도로 단조롭지만 아이에게 스스로 읽을 수 있다는 자신감을 느끼게 해준다는 점에서 장점이 있다. 아이가 혼자서 읽는 것에 즐거움을 느끼고 있다면 파닉스 리더스 한두 권 정도를 활용하는 것도 좋다. 다만 파닉스북이 너무 학습이 되지 않도록 주의할 필요는 있다. 무엇보다 파닉스를 익힐 수 있는 좋은 영상들도 많이 있으니 활용해 보길 추천한다. (영상 보기 단계를 참고하자.) 파닉스를 익힐 수 있는 영상물을 병행하는 것도 재미있게 파닉스를 배울 수 있는 방법이다.

Q&A
독후 활동, 꼭 해야 하나요?

많은 분들이 영어책을 읽고 난 후에 독후 활동을 해야 하는 게 아닌가 하는 고민에 빠진다. 이렇게 책만 읽고 넘어가도 되나 불안하기 때문이다. 그런데 책 읽기 과정에서 독후 활동이나 놀이를 하는 것은 필수가 아니라 선택이라는 것을 강조하고 싶다. 책 읽기로 영어 습득을 하기 위해서는 즐겁게 책을 읽는 것이 훨씬 더 중요하다. 무엇보다 엄마가 독후 활동을 준비하면서 스트레스를 받는다면 더더욱 불필요하다. 만약 아이가 독후 활동을 원한다면 엄마가 부담 없이 준비할 수 있는 선에서 해보는 것을 추천한다.

잠깐 내 이야기를 하자면 나는 부지런함과는 거리가 먼 사람이다. 그래서 일찍부터 본질에 집중하기로 마음을 먹었다. 인터넷에서 본 다양하고 재미있는 활동은 너무 부러웠지만 직접 내가 아이에게 해줄 자신은 없었다. 엄마표 영어의 모든 활동은 즐겁게 해야 한다는 전제가 깔려 있다. 아이뿐만 아니라 부모에게도 해당되는 이야기이다. 다양한 독후 활동을 준비하는 것이 부담스럽지 않다면 얼마든지 시도해도 좋다. 아이가 좋아하는 활동이 있다면 가끔씩 해보는 것도 책 읽기 시간을 더욱 즐겁게 만들어 줄 것이다.

다만 아이가 즐거워하는지를 체크하는 것도 정말 중요하다. 아이들을 가르치면서 느낀 점은 각자 성향과 개성이 정말 다 제각기라는 것이다. 독후 활동도 마찬가지이다. 말하기를 좋아하는 아이는 책을 보고 다른 사람에게 이야기하는 것을 당연히 좋아하겠지만 혼자서 조용히 책의 여운을 느끼는 것을 더 선호하는 아이도 있다. 독후 활동이든 영상 보기 후 활동이든 아이의 성향에 따라 진행하는 것이 필요하다.

아이와 부담 없이 진행할 수 있는 활동을 몇 가지 소개한다. 먼저 이야기를 되짚어보기에 효과적인 활동은 가장 기억에 남는 단어나 문장을 한두 개씩 써보는 것이다. 아이에게 추억이 되고 뿌듯한 활동이 될 것이다. 아직 글을 못 쓰는 아이는 꼭 글이 아니어도 괜찮다. 그림으로 기억에 남는 장면이나 캐릭터를 그리면 된다.

말하기를 좋아하는 아이라면 가족에게 책을 소개해 주는 시간을 갖는 것도 좋다. 할아버지, 할머니에게 어제 읽은 책 이야기를 들려주는 것이다. 퇴근하고 온 아빠에게 무슨 책을 읽었는지 보여주는 것도 좋다. 아이는 이야기를 공유하며 책 내용을 더 오래 기억할 수 있게 된다. 원래 혼자 공부하는 것보다 다른 사람을 가르치면서 배우는 것이 더 많다고 하지 않나. 거창하게 소개하는 시간이 아니라 읽은 책을 간단히 이야기해 주는 것만으로도 충분하다.

독후 활동에 참고할 만한 사이트들도 있다. 그중 스파클박스(www.sparklebox.co.uk)는 단어 카드나 역할놀이를 할 수 있는 그림 등 다양한 자료를 무료로 제공한다. 영어가 아닌 다른 과목을 영어로 학습할 수 있는 자료도 있어서 꾸준히 활용하기 좋을 것이다. 또 하나는 키즈클럽(www.kizclub.com)으로 주제별 자료나 영어 그림책, 동요에 관한 자료를 무료로 제공하고 있어서 유용하게 활용할 수 있다. 요즘은 인터넷에서 워낙 손쉽게 자료를 구할 수 있으니 구글에서 책 이름과 'activity' 또는 'worksheet'를 함께 검색하면 영미권에서 사용하는 다양한 자료를 볼 수 있다. 꼭 그대로 활용하지 않더라도 여러 자료를 참고해서 독후 활동의 아이디어를 얻을 수 있을 것이다.

아이의 취향에 맞게 부모가 적절히 선택해서 책 읽기 후 활동을 하면 된다. 그리고 꼭 해야 하는 것이 아니라는 것만 기억하면 된다. 아이가 좋아하는 활동에 한해서 하면 되고 무엇보다 그것을 준비하는 엄마가 부담이 없어야 한다. 우리가 앞으로 읽어야 할 책은 정말 많다. 모든 책을 독후 활동할 수는 없다. 책을 읽고 편하게 아이와 책에 대해서 이야기를 나누기만 해도 된다. 가장 중요한 것은 책 읽기를 꾸준히 해나가는 것이다. 아이가 좋아하는 책을 구해서 아이 옆에 두는 것만으로도 충분하니 조급해 하지 말자.

소리 내어 읽기가
왜 중요할까?

소리 내어 읽기는 스스로 읽기를 시작하는 단계에서 매우 중요하다. 소리 내어 읽기를 통해 읽기에 적응하고 읽기 실력을 다질 수 있기 때문이다. 크라센 교수는 소리 내어 읽기를 통해 글을 읽는 경험이 성공적으로 축적되면 읽기를 대하는 자세도 긍정적으로 바뀐다고 강조했다. 많은 부모가 소리 내어 읽는 것이 말하기에만 도움이 된다고 생각하는데 그렇지 않다. 글의 내용을 이해하는 데에도 정말 큰 도움을 준다. 미국 국립읽기위원회(National Reading Panel)는 소리 내어 반복적으로 읽는 것이 아이의 읽기 유창성과 이해력을 높이는 데 효과적인 방법이라고 소개했다.

첫 번째, 소리 내어 읽기는 책의 내용을 이해하고 받아들이는 데 도움을 준다. 《읽기 유창성 지도법》에 따르면 소리 내어 읽는 것과 읽기 이해력 사이의 상관도는 81~90%에 이른다고 한다. 소리 내어 유창하게 잘 읽을수록 글을 더 잘 이해한다고 할 수 있는 것이다. 사실 소리 내어 읽는다는 것은 단순히 문자를 입 밖으로 내뱉기만 하는 것이 아니라 그 속에서 의미를 파악하고 거기에 적절한 운율을 실어 글의 의도를 전달하는 것이다. 소리 내어 읽기는 눈으로 글자를 인식하고 내용을 이해해 나가는 과정 사이에서 다리 역할을 한다고 할 수 있다.

부모는 아이가 소리 내어 읽는 것만 들어도 얼마나 글을 이해하고 있는지 짐작할 수 있다. 어떤 단어를 모르는지, 어떤 발음을 어려워하는지, 어떤 부분을 이해하지 못하는지 등을 파악할 수 있는 것이다. 유창하게 잘 읽는다는 것에는 많은 의미가 포함되어 있다. 발음을 비롯하여 의미 단위에 따라 끊어 읽는 것이나 운율, 감정을 덧붙이는 것도 신경 써야 한다. 모두 글의 내용을 파악한 후에야 가능한 것이다. 따라서 소리 내어 읽기는 아이가 글의 내용을 파악하고 전달하는 연습을 할 수 있게 한다. 책을 더 잘 이해하기 위해 사고할 수 있도록 도와주는 것이다.

소리 내어 읽기가 중요한 두 번째 이유는 말하기 실력 향상에 큰 도움이 되기 때문이다. 영어를 배우는 초급 학습자일수록 소리 내어 읽는 것이 중요한데 이때는 아이의 영어 발음이 형성되는 시기이기 때문에 눈으로만 읽는 것보다 듣고 소리 내어 읽는 연습이 필수적이다. 특히 영어로 말하는 것을 별로 좋아하지 않는 아이도 소리 내어 읽기를 통해 말하기 연습을 할 수 있다. 아이는 처음에는 쑥스러워하지만 계속 하다 보면 익숙해지고 자신감도 갖게 된다. 발음과 억양이 좋아지는 효과는 덤이다. 무엇보다 재미있어야 한다. 아이가 소리 내어 읽는 것을 녹음하거나 녹화하는 것도 좋다.

EBS 〈다큐프라임〉에서 방영한 '한국인과 영어' 편에서는 소리 내어 읽기가 아이의 영어 실력 향상에 얼마나 도움이 되는지 알아보기 위하여 실험을 진행했다. 실험에 참가한 아이는 30일 동안 매일 영어책을 소리 내어 읽고 부모는 그것을 기록했는데 30일 후에 아이들은 독해력, 발음의 정확성, 읽는 속도에서 모두 크게 향상된 모습을 보였다. 무엇보다 영어 말하기에 자신감이 없었던 아이들도 자신감과 흥미를 가진 변화된 모습을 보여주었다.

마지막으로 소리 내어 읽기는 아이의 학습 능력 자체를 향상시키는 데 도움을 준다. 여러 연구에서 소리 내어 읽기가 사고력, 기억력, 집중력 등 학습에 관여하는 다양한 능력에 긍정적인 영향을 준다고 밝히고 있다. 일본의 뇌 연구가로 유명한 가와시마 류타 교수는 소리 내어 읽기의 효과를 연구했는데, 연구에 따르면 소리 내어 읽을 때 뇌신경 세포의 70% 이상이 반응을 한다고 한다. 기억력도 20%나 향상되었다. 소리 내어 읽기를 통해 학습에 필요한 기본적인 뇌 발달을 이룰 수 있는 것이다.

가천대학교 뇌 과학연구원 원장인 서유헌 교수 역시 소리 내어 읽는 것이 뇌를 더욱 활성화시키는 활동이라고 밝혔다. 소리 내어 읽을 때 우리 뇌의 상부 측두엽과 하부 전두엽이 활발하게 움직이게 되는데 이것은 모두 언어력, 기억력, 창의력, 인식력 등을 담당하는 부분이다. 결국 소리 내어 읽기가 우리의 전반적인 뇌 발달에 도움을 주는 것이다.

아이가 스스로 책을 읽기 시작할 때 반드시 소리 내어 읽을 수 있도록 해주자. 아이는 소리 내어 읽기를 통해 더욱 집중해서 책을 읽어 나갈 것이다. 특히 아이가 혼자 영어책을 보는 것을 힘들어 한다면 소리 내어 읽기가 큰 도움이 될 수 있다. 소리 내어 읽기를 통해 영어 읽기에 자신감을 가지고 스스로 읽어낼 수 있는 기반을 탄탄히 다질 수 있도록 해주자.

소리 내어 읽기를
실천하는 방법

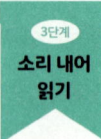

소리 내어 읽기의 과정에 대해 자세히 설명하자면 먼저 아이가 읽는 모든 책을 소리 내어 읽을 필요는 없다. 그렇게 할 수도 없다. 다음 장에서 좀 더 자세히 설명하겠지만 아이가 쉽게 잘 읽을 수 있는 책을 먼저 선택해야 한다. 이전 단계까지는 엄마가 아이가 함께 읽었지만 이제는 아이 혼자 읽기 시작하는 단계이다. 따라서 아이가 자신감을 가지고 쉽게 읽을 수 있는 책을 선택해야 한다. 아이에게 선택하라고 해도 좋고 그 전에 충분히 함께 읽었던 책을 포함하는 것도 좋다.

책을 선택했다면 이제 음원을 듣자. 요즘 대부분의 책은 음원을 포함하여 출판되고 있다. CD가 함께 있거나 세이펜 같은 전자펜으로 들을 수 있는 음원을 제공하기도 한다. 어떤 방법이든 다 괜찮다. 꼭 책에 포함된 음원을 듣지 않아도 된다. 유튜브에서 책 읽어주는 영상을 쉽게 찾을 수 있으니 어떤 것을 선택하든 신경 써야 할 것은 음원의 질과 속도이다. 리듬감이 충분히 살아 있어야 하며 너무 느리거나 빠르지 않아야 한다. 아이가 눈으로 읽는 속도와 음원의 속도가 같은 것이 가장 적합하다. 음원을 들을 때는 아이가 좀 더 집중할 수 있도록 손가락이나 펜으로 짚어 가면서 듣는 것도 좋다.

오디오북 구매

대부분의 책이 CD를 포함하고 있지만 음원을 따로 구해야 하는 경우도 있다. 아직은 책의 글밥이 많지 않은 편이지만 4단계로 넘어간 후에는 책도 두꺼워지기 시작한다. 그때는 유튜브로 음원을 듣는 것도 한계가 있기 때문에 이때 활용할 수 있는 오디오북 구매 사이트를 알아두면 좋다.

1. 오더블(www.audible.com)
아마존에서 운영하는 오디오북 사이트이다. 원하는 오디오북을 낱권으로 구매할 수도 있고 매월 또는 매년 정기 결제하는 멤버십에 가입할 수도 있다. 스트리밍만 가능한 멤버십과 여기에 추가로 한 달에 한 권씩 오디오북을 다운로드해서 소장할 수 있는 멤버십 등이 있다. 30일 동안 무료 체험이 가능하다.

2. 오더블 스토리즈(stories.audible.com)
오더블에서 무료로 제공하는 오디오북이 있는 곳이다. 코로나(COVID-19)로 인해 학교에 가지 못하고 있는 아이를 위해 일부 오디오북을 무료로 제공하고 있다.

3. 구글 플레이 오디오북(play.google.com)
구글 플레이(Google Play)에서 '도서' 메뉴로 들어가면 오디오북을 구매할 수 있다. 정기 구독 없이 필요한 오디오북을 개별로 구입할 수 있다.

4. 스토리텔(storytel.com)
스마트폰으로 오디오북을 이용할 수 있다. 월정액으로 오디오북을 스트리밍 서비스로 이용할 수 있다. 키즈 모드나 오프라인 모드로 책 듣기도 가능하다.

음원을 들은 후 책을 소리 내어 읽자. 책을 소리 내어 읽을 때는 반드시 큰소리로 읽도록 해야 한다. 입의 근육을 움직이며 발음을 정확하게 하는 데 도움을 얻을 수 있기 때문이다. 자신이 읽는 소리를 귀로 충분히 들을 수도 있기 때문에 강세와 억양에 신경을 쓰게 된다. 이런 강세나 억양, 리듬 같은 운율적 요소를 적절히 살려서 읽는 것이 이해력을 향상시키는 데 도움이 될 뿐만 아니라 문장의 의미를 파악하고 의미 단위를 결정할 수 있게 만든다.

특히 영어는 한국어보다 음의 높낮이의 주파수 변화가 더 큰 언어이다. 강세와 억양이 의미를 전달하는 것 뿐만 아니라 이해에도 핵심 역할을 한다. 따라서 강세와 억양을 충분히 살려서 읽는 것이 영어를 표현하고 이해하는 데 큰 도움이 된다. 특히 많은 아이들이 무조건 빨리 읽는 것이 유창한 것이라고 생각하는데 오해다. 지금은 적당한 속도로 말하는 것처럼 읽는 연습을 하는 것이 필요한 단계로, 다른 사람에게 이야기해 주는 것처럼 읽는 것이 가장 좋다.

책을 다 읽었다면 다시 한 번 음원을 들어보자. 이때 좀 더 내용에 집중해서 들을 수 있도록 해야 한다. 책 내용을 정확히 파악할 수 있도록 정독을 하는 것이 필요하다. 정독은 뜻을 새겨가면서 자세히 읽는 것을 말한다. 앞서 활용했던 손가락이나 펜으로 글자를 짚어가면서 듣는 방법이 도움이 된다. 다시 들으면서 아이가 궁금해 하는 단어나 발음이 있으면 알려주자. (부모도 모르면 같이 찾아보면 된다.) 아이가 읽을 때 헷갈려했던 부분은 좀 더 유심히 들을 수 있도록 도와주는 것도 중요하다. 다만 아이의 발음은 지적하지 않아야 한다. "이 단어는 이렇게 발음하는구나."라고 함께 확인하며 듣는 것이 더욱 효과적이다.

이제 한 번 더 읽는 것으로 소리 내어 읽기를 마무리하자. 아이가 원한다면 소리 내어 읽기를 여러 번 반복해도 되지만 그렇지 않다면 하루에 10분 정도가 제일 적당하다. 사실 이때 아이가 읽는 책은 짧기 때문에 한 번 읽는 데 3분 정도밖에 걸리지 않는다. 짧은 시간이지만 운율이나 의미 단위에 신경 쓰면서 '잘' 읽는 것이 더 중요하다. 기본적으로 두 번은 소리 내어 읽을 수 있도록 하고 그 외에는 아이가 원하는 방법으로 읽게 해주자. 중요한 것은 조금씩이라도 꾸준히 하는 것이다.

① 혼자 읽기에 충분히 쉬운 책을 고른다.
② 책을 보며 음원을 듣는다.
③ 책을 소리 내어 읽는다.
④ 책을 보며 다시 음원을 듣고, 이때 책 내용을 파악하며 정독한다.
⑤ 다시 한 번 소리 내어 책을 읽는다.

무엇보다 중요한 것은 짧은 시간이라도 매일 소리 내어 읽기를 실천하는 것이다. 큰소리로 운율을 살려 읽는 것이 습관이 되어야 그 속에서 이해력도 향상된다. 소리 내어 읽기는 아이가 영어책 읽기의 재미에 더욱 푹 빠질 수 있도록 도와줄 것이다.

수준에 맞는 쉽고 재미있는 책을 고르자

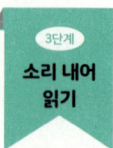

3단계의 가장 큰 변화는 아이가 스스로 책 읽기를 한다는 것이다. 아직 유창하지는 않지만 부모의 도움 없이 스스로 읽기를 시작하는 단계이다. 이때는 충분히 쉬운 책을 골라서 읽는 것이 중요하다. 혼자서도 잘 할 수 있다는 자신감을 심어주는 게 중요한 시기이기 때문이다. 또 한 가지 고려해야 할 점은 바로 재미라는 것을 잊지 말자. 재미는 엄마표 영어의 핵심이라고 아무리 강조해도 지나치지 않다. 어떤 단계에서도 놓쳐서는 안 되는 것이 아이에게 흥미와 재미를 주는 것이다.

① 쉬운 책 읽기

아이가 처음 책 읽기를 시작하면 부담스러울 수 있다. 이때 아이가 충분히 스스로 읽을 수 있다는 생각이 들 만큼 쉬운 책을 고르자. 읽기 시작하는 단계에서는 아이가 자신감을 가지는 게 무엇보다 중요하다. 앞으로 책을 읽기 위해서는 먼저 자신감을 가지고 임해야 습관도 잡힐 수 있다. 좀 더 어려운 책을 들이밀고 싶은 마음을 꾹 참고 쉬운 책을 충분히 읽을 수 있도록 하자.

아이의 영어 인풋을 쌓는 것도 중요하지만 영어에 대한 아이의 긍정적인 인식을 심어주는 것도 중요하다. 무엇보다 아이 스스로 자신이 영어책을 잘 읽을 수 있는 사람이라고 인식하는 것이 필요하다. 나는 수업을 할 때 아이들이 오랫동안 하위권에 머물러 있는 것을 피해야 한다고 특히 강조한다. 성적은 아이가 자신을 바라보는 인식을 변화시키기 때문이다. 성적이 상위권인 아이들은 그 속에서 자신의 위치를 확인하고 인정한다. '나는 이 정도의 실력을 가진 사람'이라고 인식하는 것이다. 아이가 스스로를 '영어책을 잘 읽는 사람'이라고 인식할 수 있어야 실제로도 그런 자신을 받아들이고 인정하게 된다. 이렇게 되면 영어도 더욱 긍정적으로 대할 수 있게 되니 실력도 늘게 된다.

또 한 가지, 아이가 이해하지 못하는 책으로 소리 내어 읽는 연습을 하는 것은 유창성 발달에 큰 도움이 되지 않는다. 단순히 문자를 읽는 연습만 할 뿐이다. 진정한 의미의 유창성은 충분히 이해 가능한 내용일 때 실현할 수 있다. 글의 내용을 이해해야 의미에 맞게 끊어서 적절한 운율로도 읽을 수 있다. 문장의 의도에 맞는 감정을 얹을 수도 있을 테니 아이가 스스로 내용을 파악하는 데 무리 없는 책을 골라서 읽도록 하는 것이 중요하다.

쉬운 책을 보는 것은 책 읽기의 재미와도 깊은 관계가 있다. 아무리 관심 있는 주제의 책이라 하더라도 모르는 단어가 너무 많으면 내용을 이해하기 힘들어진다. 이야기의 흐름이 끊겨서 책 읽는 재미도 줄어들기 때문에 읽기 전문가들은 영어책은 모국어 책보다 한 단계 낮은 수준의 책을 볼 것을 권유하기도 한다. 아이가 한국어로 해석을 해달라고 하거나 모르는 단어를 계속 물어본다면 그 책은 아이에게 아직 어려운 것이다. 그때는 수준에 맞는 적합한 책을 다시 골라줄 필요가 있다.

아이 수준에 맞는 읽기 책을 고를 때 가장 많이 활용하는 방법은 '파이브 핑거 룰(Five Finger Rule)'을 활용하는 것이다. 다섯 손가락으로 모르는 단어를 체크해서 책의 수준을 파악하는 것으로 먼저 책의 아무 페이지나 펼쳐서 모르는 단어를 확인한다. 모르는 단어가 0~1개일 때는 너무 쉬운 수준(too easy), 2~3개는 적정 수준(just right), 4개는 노력해 볼만한 수준(okay to try), 5개 이상이면 너무 어려운 수준(too hard)으로 평가한다. 사실상 책의 대부분의 내용을 알고 있는 것이 바람직하다고 할 수 있다. 이에 대해 《영어책 읽기의 힘》에서는 사용된 단어의 98% 이상을 아는 것이 바람직하다고 강조했다.

② 재미있는 책 읽기

두 번째는 재미있는 책을 고르는 것이다. 아이가 책에서 재미를 느껴야 책 읽기를 지속할 수 있는 원동력이 생긴다. 따라서 아이가 좋아하는 책을 고르기 위해 엄마는 평소에 아이의 취향에 관심을 가져야 한다. 아이가 요즘 관심을 가지는 주제나 소재에 대해 파악을 하고 있어야 하는 것이다. 이때 아이가 좋아하는 한글책을 참고하는 것도 효과적이다. 다양한 주제의 책을 보여주다가 아이가 관심 있어 하는 책이 있으면 그 주제나 작가의 책으로 확장하는 것도 좋은 방법이다.

아이에게 직접 책을 선택하게 하는 것도 좋은 방법이다. 같이 서점이나 도서관에 가서 골라보는 것도 좋다. 인터넷으로 책을 구매하기 전에 함께 미리 보기를 하며 의논을 하는 것도 좋다. 아이가 아직 수준에 맞는 책을 잘 선택하지 못할 때는 엄마가 먼저 범위를 한정한 후에 선택권을 주어도 된다. 몇 가지 책을 정해서 보여준 다음 어떤 것을 읽고 싶은지 물어보는 것이다. 아이는 스스로 결정하는 것을 좋아하고, 그 결정을 지키려고 노력할 줄도 알게 된다. 아이가 볼 책을 스스로 고르게 하면 끝까지 보려고 더 노력할 것이다.

동기부여가로 잘 알려진 댄 핑크(Dan Pink) 역시 동기 부여를 위해서는 자율성(autonomy), 목적(purpose), 숙련(mastery)이 중요하다는 것을 강조했다. 핑크는 테드(TED) 강연에서 실천력은 스스로 선택하게 해야 효과가 크다고 말했다. 아이에게 책을 선택할 수 있도록 하는 것은 좀 더 능동적이고 책임감 있게 책 읽기를 할 수 있도록 만든다.

비록 아이가 고른 책이 마음에 들지 않더라도 아이가 원한다면 읽도록 해줘야 한다. 내용에 크게 문제가 없는 한 말이다. 간혹 아이가 너무 좋아하는 주제의 책만 읽는다고 걱정하는 엄마가 있는데 아직은 책을 편식하도록 내버려 두어도 괜찮은 시기다. 영어책 읽기의 습관이 잡히면 나중에는 어떤 책이든 읽을 수 있는 힘이 생긴다. 무엇보다 아이가 읽었으면 하는 지식 책은 모국어로도 이해가 가능해야 볼 수 있다. 지적 수준이 어느 정도 향상되어야 볼 수 있기 때문이다. 부족한 영역의 지식은 한글책으로 충분히 채워줄 수 있으니 아이가 좋아하는 책을 얼마든지 읽을 수 있게 해주자.

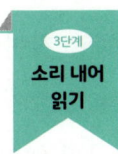

유명 수상작도 놓치지 말자

엄마는 아이에게 어떤 책부터 보여줘야 할지 고민을 하게 된다. 매년 수많은 책은 쏟아져 나오고 아동문학 시장도 점차 커지고 있기 때문이다. 책 읽기에 대한 관심이 높아지면서 예전에는 국내에서 구하기 힘들었던 원서도 손쉽게 살 수 있게 되었다. 책의 종류와 정보가 많아질수록 그만큼 선택하기가 어려워진 셈이다. 어떤 책을 골라야 할지 고민이 될 때는 우선 추천도서 목록으로 시작하는 것이 좋다. 여러 권위 있는 기관의 검증을 거친 것이기 때문에 그 속에서 시작하는 것이 안전하다. 추천 목록을 참고해서 내 아이의 수준과 흥미에 맞는 책을 골라보자.

여러 책에서 추천 목록을 제공하고 있는데 주로 미국이나 영국의 주요 수상작을 바탕으로 하고 있다. 가장 많이 참고하는 수상작은 뉴베리상, 카네기상, 칼데콧상, 가이젤상(닥터수스상)* 등일 것이다. 모두 미국이나 영국의 권위 있는 상으로 인정받는 전통 있는 상이다. 이런 수상작은 아이의 책 읽기 수준에 맞게 잘 활용하면 재미있게 책 읽기를 하는 데 도움이 될 수 있다. 이 중에서 몇 가지 수상작을 소개한다.

먼저 아이의 영어책 읽기 과정에서 가장 추천하고 싶은 상은 가이젤상이다. 닥터수스상이라고도 하는데 스스로 읽기를 시작하는 아이를 둔 부모이라면 반드시 알아두어야 하는 상이다. 지금 2단계의 함께 읽기나 3단계의 소리 내어 읽기에 접어든 시기에 참고하기 적합하다.

미국도서관협회(American Library Association; ALA)에 따르면 가이젤상은 아이들이 독서에 참여할 수 있도록 창의력과 상상력을 보여준 작가에게 주어진다. 아이들의 읽기를 촉진시키는 데 목적이 있기 때문에 다른 수상작과는 달리 까다로운 수상 조건이 있다. 그중 몇 가지 조건을 소개하면 다음과 같다.

만 4세(Pre-K)부터 2학년까지의 독자를 대상으로 해야 한다.
책 속의 그림은 이야기를 잘 나타내는 것이어야 한다.

---

* **가이젤상(Geisel Award)** : 미국도서관협회(ALA)에서 매년 미국에서 영어로 출판된 책 중에서 어린이들의 읽기 학습에 도움이 되는 책을 펴낸 작가와 일러스트레이터에게 수여하는 상. 세계적으로 유명한 어린이 작가 테오도르 가이젤(Theodor Geisel)의 이름을 따서 만들었으며, 닥터 수스(Dr. Seuss)로도 널리 알려져 있기 때문에 닥터 수스상이라고도 부른다.

어린이에게 책 읽기 동기를 부여할 만큼 충분히 흥미로워야 한다.

새로운 단어는 천천히 도입되어야 하며, 단어들이 반복적으로 나와야 한다.

문장이 단순하고 쉬워야 한다.

책의 페이지 수는 최소 24쪽부터 최대 96쪽까지이다.

처음부터 끝까지 성공적인 읽기 경험을 제공해야 한다.

이야기는 페이지를 넘길수록 흥미로운 구성이 더해져야 한다.

심사 조건만 보아도 아이들의 책 읽기에 얼마나 신경을 쓴 수상작인지 알 수 있다. 가이젤상 수상작은 재미있으면서도 읽기 연습을 할 수 있는 최적의 책이다. 가이젤상을 받은 책과 그 책이 포함된 시리즈를 꼭 한 번 살펴보길 바란다. 가이젤상을 받은 가장 유명한 책은 《Elephant and Piggie》일 것이다. 이 시리즈에는 가이젤상을 받은 책이 여러 권 포함되어 있다. 한국계 미국인 작가인 안나 강(Anna Kang)이 쓴 책으로 유명한 《You Are (Not) Small》이나 앙트아네트 포티스(Antoinette Portis)가 쓴 《Not A Box》 모두 가이젤상을 받은 쉽고 재미있는 영어책이다.

다음으로 칼데콧상*이다. 책 표지에 금이나 은메달 스티커로 표시가 되어 있다. 칼데콧상은 그림책의 일러스트레이터에게 주는 상이다. 그래서 칼데콧상 수상작은 아이들의 상상력을 자극할 만큼 그

---

* **칼데콧상(Caldecott Medal)** : 미국어린이도서관협회(Association for Library Service to Children; ALSC)에서 매년 미국의 가장 저명한 어린이 그림책 작가에게 수여하는 상. 영국의 유명 일러스트레이터인 랜돌프 칼데콧(Randolph Caldecott)을 기리며 만들어졌다.

림이 멋지고 예술적인 책이 많이 있다. 책 읽어주기 단계부터 부모와 함께 보면 좋을 그림책이 많이 포함되어 있기 때문에 아이들의 수준에 맞게 활용하면 좋다.

뉴베리상*은 세계 최초의 아동문학상이다. 아마 우리나라에서 가장 유명한 해외 어린이 문학상일 것이다. 뉴베리상을 받은 책은 한국에서도 대부분 권장도서 목록에 올라와 있다. 그만큼 세계적으로 유명하고 오랜 역사를 지닌 권위 있는 상이라고 생각하면 쉽다. 다만 뉴베리상 수상작은 읽기를 시작하는 아이들이 보기에는 다소 어려운 편이다. 주제도 어린아이들에게는 무거울 수 있다. 뉴베리상은 충분한 연습으로 읽기 실력이 다져진 아이들이 보면 좋다. 내용도 정신적으로 좀 더 성숙해진 초등 고학년 이상의 아이들이 더욱 잘 이해할 수 있기 때문에 엄마표 영어에서 아이 영어 책 읽기의 최종 목적지로 봐도 좋은 수준의 책이다.

---

* 뉴베리상(Newbery Medal) : 미국어린이도서관협회에서 매년 미국의 가장 뛰어난 어린이 문학 작가에게 수여하는 상. 18세기 영국의 서적 상인 존 뉴베리의 이름을 따서 만들어졌다.

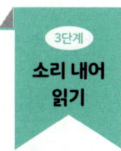

그림책+리더스북

    3단계에서 읽을 책은 아이가 충분히 스스로 읽을 수 있는 쉬운 책이어야 한다. 본격적으로 스스로 읽기 시작한 만큼 자신감을 가지는 것이 중요하기 때문이다. 어떻게 보면 1단계보다도 더 쉬운 책으로 시작하는 것이 좋다. 1단계에서는 엄마가 이야기를 읽어주고 아이는 그림과 함께 책을 보며 모르는 단어는 유추할 수 있다. 하지만 2단계, 3단계로 갈수록 점차 아이가 주도적으로 읽어 나가야 하기 때문에 아이의 역할이 커진다. 이때 수준에 맞는 책을 골라 차근차근 읽어 나가는 것이 중요하다. 앞서 말씀드린 '파이브 핑거 룰'이나 가이젤상 수상작을 참고해 고를 수 있다.

    이때 정말 유용한 것이 바로 리더스북이다. 리더스북은 읽기 연습을 위해 만들어진 책이다. 읽기용 교재로 수준에 맞게 읽기를 할 수 있도록 단계가 세부적으로 나눠져 있다. 사실 리더스북만큼 소리 내어 읽기에 최적화된 책이 없을 정도이다. 각 단계에 맞는 어휘와 표현으로 구성되어 있고, 글씨도 크기 때문이다. 그래서 한창 영어 읽기 연습을 하는 아이를 둔 부모가 많이 찾는다. 리더스북은 영어책 읽기 과정에서 필수는 아니다. 어릴 때부터 그림책을 많이 본 아이들은 바로 챕터북으로 넘어가기도 하고, 그림책과 같은 문학 작품보다 구조가 단순한 편이다. 그럼에도 불구하고 리더스북은 읽기 실력 향상에 도움이 된다는 엄청난 장점이 있기 때문에 꾸준히 활용되고 있다. 수준에 맞는 단계를 잘 선택하기만 하면 아이 스스로 충분히 읽을 수 있도록 구성되어 있다.

요즘은 리더스북을 그림책처럼 읽어주기로 활용하는 엄마들도 있다. 아직 아이가 문자를 읽지 못하는 단계에서도 활용을 하는 것이다. 그러나 나는 너무 어릴 때부터 리더스북을 접하는 것은 추천하지 않는다. 어린아이가 좋아할 만한 흥미로운 그림책이 너무나도 많기 때문이다. (취학 시기부터 영어를 시작한다면 1단계 그림책과 함께 2, 3단계의 리더스북을 병행할 수 있다.) 하지만 의외로 어린아이들 중에 리더스북을 보고 듣는 것을 즐기는 아이들도 있다. 그럴 경우 아이의 취향을 고려하여 리더스북을 좀 더 일찍 활용할 수 있을 것이다. 아래에서는 리더스북 몇 가지를 소개하고 있다.

리더스북

《Oxford Reading Tree; O.R.T.》

요즘 국내에서 가장 인기 많은 리더스북일 것이다. 영국 옥스퍼드 대학 출판부에서 영어 교육을 위해 만든 시리즈북이다. 출판된 지 30년이 넘은 역사가 깊은 책이다. 읽기 수준에 맞게 1단계부터 16단계까지 세분화되어 있다. (1단계는 그림만 있다. 보통 1+부터 9단계까지 많이 활용한다.) 파닉스부터 논픽션까지 차근차근 나아갈 수 있도록 구성되어 있고 무엇보다 재미있다는 게 가장 큰 장점이다. 아이가 좋아하는 스토리에 반전까지 포함하고 있다. 단점으로는 가격이 비싸다. 요즘은 퓨처팩이라고 해서 E-Book 형태로 나온 것도 있다.

《I Can Read!》

하퍼 콜린스(HarperCollins) 출판사에서 만든 리더스북 라인이다. 'My Very First'부터 My First, Level 1, Level 2, Level 3, Level 3로 단계가 나눠져 있고 그 안에 다양한 시리즈의 책들이 출판되어 있다. 가장 유명한 시리즈로는 《Biscuit》, 《Amelia Bedelia》, 《Pete the Cat》 등이 있다. 홈페이지(www.icanread.com)를 방문하면 수준별, 캐릭터별로 다양하게 책을 살펴볼 수 있으니 아이가 좋아하는 책을 고르는 데 참고하자.

《Scholastic Reader》

스콜라스틱(Scholastic) 출판사에서 만드는 리더스북 라인으로 Level 1부터 Level 3까지 나와 있고 4~7세 리더(reader)를 위한 《Acorn》 시리즈가 따로 있다. 특히 《Acorn》 시리즈는 그림책처럼 아이들이 좋아할 만한 캐릭터가 주인공으로 나온다. 초등 저학년까지 읽기에 좋다. 이 밖에 그림책과 영상으로도 유명한 《Magic School Bus》도 Level 2의 리더스북으로 나와 있다. 같은 라인은 아니지만 스콜라스틱에서 출판한 《First Little Reader》도 국내에서 인기가 많은 편이다. 유아부터 초등학교 4학년까지를 대상으로 Level A부터 Level F까지 구성되어 있다. 요즘은 올레 TV 서비스로 볼 수 있어서 아이의 취향에 맞게 활용하기 좋다.

리더스북은 반드시 한 가지 시리즈만 쭉 이어서 봐야 하는 건 아니다. 아이의 수준에 맞는다면 여러 시리즈를 다양하게 활용할 수 있다. 아이들마다 취향이 다르니 좋아하는 캐릭터나 소재를 잘 찾아서 활용하는 게 효과적이다. 위에서 소개한 리더스북 라인 외에도 여러 출판사에서 리더스북을 제공하고 있다. 그림책이나 영상의 인기 캐릭터가 리더스북으로 나온 것도 많이 있으니 활용해 보자. 특히 아이가 즐겨보던 영상이 리더스북으로 출판된 책들은 아이들이 부담 없이 즐길 수 있다. 아래는 인기가 많은 리더스북 시리즈이다. 아이의 취향에 맞는 것을 찾아 읽기 연습에 활용해 보자.

리더스북 시리즈

《Biscuit 시리즈》/ Alyssa Satin Capucilli

정말 유명한 리더스북이다. 《I Can Read!》의 'My First' 레벨로 나왔다. 작고 사랑스러운 강아지의 이야기다.

《Fox》 시리즈 / Corey R. Tabor

가이젤상을 받은 《Fox the Tiger》가 포함된 리더스북 시리즈로 《I Can Read!》 라인으로 출판되었다. 귀엽고 사랑스러운 여우가 주인공이다.

《Splat the Cat》 시리즈 / Rob Scotton

엉뚱해서 더 사랑스러운 고양이 스플랫의 이야기이다. 《I Can Read!》의 1, 2레벨로 나와 있다.

《Frog and Toad》 시리즈 / Arnold Lobel

두꺼비와 개구리의 우정을 다룬 따뜻한 이야기이다. 그림이 다소 올드한 느낌이 있지만 재미와 감동을 주는 고전이다. 《I Can Read!》 2단계로 나와 있다.

《The Berenstain Bears》 시리즈 / Various

곰돌이 가족의 사랑스러우면서도 교훈적인 이야기를 담고 있다. 《I Can Read!》 1단계로 나와 있는 이 책들을 좋아한다면 더 높은 수준의 책들도 있으니 차근차근 접해보자.

《Dragon》 시리즈 / Dav Pilkey

스콜라스틱의 《Acorn》 시리즈 중 하나이다. 마음 따뜻한 귀여운 용이 주인공으로 나온다. 재미있으면서도 교훈적이다.

《A Crabby Book》 시리즈 / Jonathan Fenske

스콜라스틱의 《Acorn》 시리즈 중 하나로, 총 3권으로 구성되어 있다. 심술궂은 게와 그 게에 굴하지 않는 친구 플랑크톤의 재미있는 이야기이다.

《Hello, Hedgehog!》 시리즈 / Norm Feuti

이 책 역시 스콜라스틱의 《Acorn》시리즈 중 하나로 귀여운 강아지와 고슴도치의 우정을 다루고 있다. 이 책들 외에도 《Acorn》 시리즈에는 다양한 책들이 있다.

《Peppa Pig》 시리즈 / Ladybird

레이디버드 출판사의 《Read it yourself》 라인 중 하나이다. 애니메이션으로 유명한 페파피그를 리더스북으로 만든 것이다. 이 시리즈 외에도 다양한 버전의 책으로 나와 있으니 수준과 취향에 맞게 골라 읽자.

《Fly Guy》 시리즈 / Tedd Arnold

소년 버즈와 애완 파리의 코믹한 이야기이다. 챕터북 형식으로 되어 있지만 문장이 쉽고 재미있어서 아이들이 정말 좋아한다.

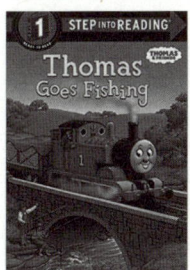

《Thomas & Friends》 시리즈 / Random House

팽귄랜덤하우스 출판사의 《Step into Reading》 라인으로 나왔다. 애니메이션으로 유명한 토마스와 친구들의 리더스북 버전이다.

《Click, Clack, Moo Cows That Type》 / Doreen Cronin

칼데콧상 수상작. 《Click, Clack, Moo Cows That Type》의 리더스북 버전이다. 농장의 동물들이 농부에게 전기장판을 요구하며 파업을 하는 아주 재미있는 내용이다. 《A Click Clack Book》시리즈로 다른 책들도 나와 있으니 함께 읽어보자.

《Olivia》 시리즈 / Veera Hiranandani

그림책, 영상으로도 인기가 많은 올리비아가 《Ready to Read》라인의 리더스북으로 나온 것이다. 《Ready to Read》에는 올리비아 외에도 아이들이 좋아하는 캐릭터로 만든 리더스북이 많이 있다. 《Angelina Ballerina》나 《Daniel Tiger's Neighborhood》 등 아이가 좋아하는 영상이나 그림책이 있다면 리더스북으로도 한번 찾아보자.

《Robert Munsch》 시리즈 / Robert Munsch

《Love You Forever》의 작가로 유명한 로버트 먼치의 재미있는 리더스북이다. 글밥은 많지만 쉬운 단어가 반복되어서 소리 내어 읽기에 익숙해졌다면 시도해 볼 만한 책이다.

	**《Froggy》/ Jonathan London** 글밥이 많은 리더스북 중의 하나이다. 개구리 프로기의 재미있는 일상을 다루고 있다.
	**《Mouse and Mole》/ Wong Herbert Yee** 가이젤상 수상작이 시리즈에 포함되어 있다. 쥐와 두더지의 우정과 사랑 이야기를 다루고 있다. 챕터북으로 넘어가기 전 단계에서 보면 좋은 수준이다.

그런데 하나 유의해야 할 점은 이 단계에서 리더스북만 읽으면 절대 안 된다는 것이다. 수준에 딱 맞는 리더스북을 읽는 것에만 익숙해지면 새로운 단계의 책을 읽는 것을 두려워할 수 있기 때문이다. 무엇보다 리더스북은 쉽다. 단계가 올라가도 수준 차이가 그렇게 크지 않다. 아이의 실력이 비슷한 자리에서 머물 수 있다는 것을 유념하자.

리더스북으로 스스로 읽는 연습을 하는 동시에 그림책으로 새로운 영어 인풋을 계속 쌓아가야 한다. 전체 로드맵에서도 이야기했지만 그림책을 기본으로 보면서 그 위에 2단계, 3단계의 책을 추가해 나가는 것이 되어야 한다. 리더스북으로는 술술 읽어 나가는 연습을 하고 그림책으로는 내용을 유추해서 읽어 나가는 힘을 길러야 한다.

다양한 책을 접하며 진정한 책 읽기의 재미에 빠질 수 있을 것이다. 그럼 이제 3단계에서 읽기 적합한 그림책을 소개한다.

그림책

《Where the Wild Things Are》/ Maurice Sendak

칼데콧상 수상작이다. 주인공인 장난꾸러기 맥스가 괴물들이 사는 나라에서 신나게 모험을 한 후 현실세계로 돌아오는 이야기이다.

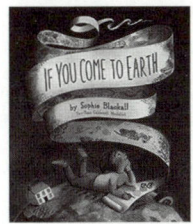

《If You Come to Earth》/ Sophie Blackall

칼데콧상 수상작. 한 소녀가 우주에 사는 친구에게 지구에 방문할 때 알아야 할 것들에 대해 소개하고 있다. 지구에서 살아가는 사람들을 따뜻한 시각으로 바라보며 표현하고 있다.

《Counting Crocodiles》/ Judy Sierra

영리한 원숭이가 어리석은 악어를 이용해 바나나를 구하는 재미있는 이야기이다. 다양한 모습을 한 악어의 수를 세며 바다를 건너 바나나를 먹게 된다.

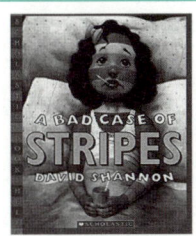

《A Bad Case of Stripes》/ David Shannon

주위 시선을 많이 신경 쓰던 주인공 카밀라에게 원인 모를 줄무늬가 생기는 이야기이다. 있는 그대로의 나를 사랑하는 법을 알려주는 책이다.

《Elmer》 / David Mckee

무리와는 다른 모습의 코끼리 엘머가 남들과 다른 모습의 자신도 사랑하게 되는 이야기이다. 자존감을 키워주는 책이다.

《Owl Moon》 / Jane Yolen

칼데콧상 수상작이다. 아빠와 딸이 겨울밤에 부엉이를 보기 위해 숲으로 가는 이야기이다. 잔잔하면서도 아빠와 딸이 함께 하는 모습이 아름다운 이야기이다.

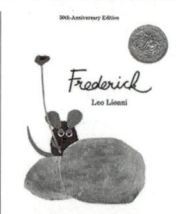

《Frederick》 / Leo Lionni

칼데콧상 수상작. 다른 쥐들이 겨울에 먹을 양식을 준비할 동안 프레더릭은 다른 방법으로 겨울을 준비한다. 겨울이 되자 프레더릭은 그동안 준비한 아름다운 이야기와 시로 지친 쥐들을 위로해 준다.

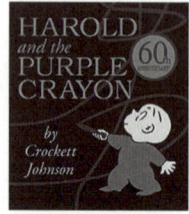

《Harold and the Purple Crayon》 / Crockett Johnson

오랫동안 사랑받은 고전이다. 꼬마 해럴드가 보라색 크레용을 들고 달밤에 산책을 나가는 이야기이다. 크레용으로 필요한 것들을 계속해서 그려가며 무사히 산책을 마치고 집으로 돌아온다.

《The Giving Tree》 / Shel Silverstein

'아낌없이 주는 나무'로 이미 우리에게 잘 알려져 있는 이야기이다. 사랑하는 소년을 위해 무엇이든 다 내어주는 나무의 모습이 가슴을 뭉클하게 만든다.

	《The Stinky Cheese Man & Other Fairly Stupid Tales》 / Jon Scieszka
	칼데콧상 수상작. 유명한 고전 동화들을 재미있게 패러디한 이야기이다. 생각지도 못한 기발한 상상력으로 웃음을 준다.
	《Pumkin Soup》 / Helen Cooper
	고양이, 다람쥐, 오리가 한집에 살며 완벽한 호박 수프를 만들어 먹는다. 오리가 친구의 역할을 탐내며 싸움이 나게 되는 이야기로 친구 사이의 용서와 우정에 대한 귀엽고 재미있는 이야기이다.
	《The Elephant and the Bad Baby》 / Elfrida Vipont
	코끼리와 버릇없는 아기의 이야기이다. 공손하게 'please'를 붙여서 말해야 한다는 교훈을 재미있게 풀어내고 있다.
	《The Paper Bag Princess》 / Robert Munsch
	옷이 다 타버려 종이가방으로 만든 옷을 입고 용감하게 왕자를 구하는 공주의 이야기이다. 연약한 공주가 아닌 당차고 멋진 공주의 모습을 보여준다.
	《A Chair for My Mother》 / Vera B. Williams
	칼데콧상 수상작. 힘들게 일하는 엄마를 위해 소파를 사주고 싶은 아이가 잔심부름을 하며 동전을 모으는 따뜻하고 감동적인 이야기이다.
	《John Patrick Norman McHennessy, The Boy Who Was Always Late》 / John Burningham
	지각 대장 존이 학교에 늦은 이유를 믿어주지 않는 선생님의 이야기이다. 아이의 말을 귀담아듣지 않는 어른들을 반성하게 만든다.

Q&A
전집과 단행본, 어떤 것이 더 효과적일까요?

많은 부모가 영어 전집을 구입하는 것을 두고 고민이 많다. 처음 영어를 시작할 때는 그림책 전집에 대한 고민을 하고 아이가 스스로 읽게 되면 또다시 리더스북 전집에 대한 고민에 빠지게 되는 등 끝이 없다. 영어를 잘하기 위해서는 인풋의 임계량을 채우는 게 무엇보다 중요하다. 그 임계량을 반드시 책으로 채워야할 필요는 없지만 책만큼 좋은 것도 없다. 전집을 구입해서 아이가 그 책을 다 읽을 수만 있다면 고민할 필요가 뭐가 있을까. 하지만 아이의 취향에 딱 맞는 책으로만 구성된 전집은 없다. 특히 그림책 전집일 경우 그중에 아이가 보는 책은 한정적일 확률이 높다.

전집을 구매하는 가장 큰 이유는 책 고르기에서 해방되고 싶은 마음도 있을 것인데 안타깝게도 전집을 샀다고 해서 아이가 좋아할 만한 책을 찾는 일이 끝나지 않는다. 책은 계속해서 필요할 것이다. 마음 놓고 아이에게 맞는 책을 찾는 임무를 그만둘 수는 없다.

리더스북 전집도 반드시 전 단계를 구입할 필요가 없다. 한 종류의 리더스북만 시리즈로 이어서 읽어야 되는 것도 아니다. 만약 아이가 잘 보는 리더스북이 있다면 아이의 수준에 해당하는 단계만 골라서 구입해도 된다. 각 단계에서 몇 권만 골라서 구입을 해도 되는 일이다. 읽기 연습을 하기에는 그 정도로도 충분하다. 무엇보다 전집은 가격이 비싼 편이기 때문에 읽기 연습을 하며 1~2주 만에 다음 책으로 넘어간다면 도서관에서 빌려 읽는 것도 좋다. 전집 구입에 부담을 느끼지 않아도 된다는 뜻이다.

물론 전집을 구매하는 것이 무조건 필요 없다는 것은 아니다. 아이에게 잘 맞고 여유가 있으면 구입하는 것이 더 이득일 수 있다. 다만 가장 우려하는 것은 영어책을 전집으로 들여놓았을 때 아이가 그 무게에 눌려 부담을 느끼는 것이다. 영어책 읽기를 숙제처럼 받아들이게 되면 얼마나 지루해질까. 이 사태는 엄마에게도 마찬가지다. 전집을 구매하게 되면 아무래도 본전이 생각난다. 전집을 잘 활용하기를 바라는 마음이 아이에게 부담을 줄 수 있다.

가장 좋은 방법은 엄마가 아이의 취향에 맞는 다양한 단행본을 살펴보는 것이다. 한 종류의 책만 보여주는 것보다 비슷한 수준의 여러 책을 보여주는 것이 아이의 영어 실력 향상에도 더 도움이 된다. 무엇보다 엄마는 책을 고르면서 내 아이가 어떤 책을 읽는지 이해할 수 있을 것이며 책을 보는 안목도 생길 수 있다. 다양한 책으로 아이의 흥미를 불러일으키자. 아이가 정말 좋아하고 반복하는 시리즈가 있으면 그때 전집으로 눈을 돌려도 늦지 않다.

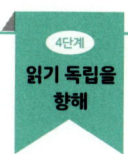

정독과 다독은 모두 중요하며, 정독에서 다독으로 넘어가야 한다

    정독과 다독은 책 읽기 과정에서 모두 중요하다. 어느 것이 더 중요하다고 말할 수 없는 문제이다. 정독과 다독 중에서 어느 것 하나에만 치중하게 되면 읽기 과정에 결점이 생길 수 있다. 정독 습관이 다져지지 않은 상태에서 다독을 하게 되면 책을 깊이 있게 이해하는 능력이 부족하게 되고, 다독으로 이어지지 않은 채 정독만 하게 되면 영어 인풋의 양이 매우 부족하게 된다. 이 둘은 하나의 연결 선상에서 상호보완해 주는 관계라고 생각하면 된다.

    아이가 읽기 독립 단계에 들어서기 전까지는 정독과 다독을 함께 해나가는 것이 좋다. 사실 읽기 독립은 영어 실력만 쌓는다고 되는 것이 아니다. 아이가 스스로 읽는 것에 익숙해져야 하고 다양한 책을 소화할 수 있을 만큼 정신적으로도 성숙해야 한다. 그때까지는 정독과 다독을 병행하는 것이 좋다. 정독 습관이 완전히 자리를 잡은 뒤에 다독으로 넘어가면 된다. 읽기 독립을 향해 첫발을 내딛는 4단계에서 정독과 다독의 비중은 1:3 정도가 적절하다.

정독(Intensive Reading)

정독은 말 그대로 정확하게 뜻을 새겨가며 꼼꼼히 읽는 것을 뜻한다. 내용을 정확하게 파악하며 읽는 법을 배울 수 있기 때문에 필수 단계라고 할 수 있다. 정독은 발음과 단어, 특정 표현 등에 주목하며 읽기 때문에 비교적 천천히 읽게 된다. 정독을 통해서 책 내용을 해석하는 사고력을 기를 수 있다. 정독 습관이 잘 잡혀 있어야 다독에서도 정확하면서도 빠른 읽기를 해나갈 수 있다. 정독이 자리 잡지 않은 채로 다독을 시작하게 되면 책을 대충 빠르게 읽게 된다. 그렇다면 책 읽기를 통한 인풋 쌓기가 제대로 이루어질 수가 없다.

3단계에 들어서며 시작한 소리 내어 읽기는 정독 연습의 대표적인 방법 중 하나이다. 정독 연습은 최소 1년 이상은 꾸준히 유지하는 것이 좋다. 아이가 책을 잘 읽게 되었다고 생각이 들어도 좀 더 탄탄하게 기반을 잡을 필요가 있다. 물론 다독을 통해 책 읽기의 즐거움을 느끼게 하면서다. 정독을 연습하는 것은 읽기 메커니즘이 자리 잡을 수 있도록 다져 나가는 과정이라고 생각하면 된다. 다음 장에서 이야기하겠지만 진정한 의미의 유창한 읽기는 정독의 과정이 자동화되었을 때 실현 가능하다. 정독이 바탕이 되어 있지 않은 상태에서 시작한 다독은 마치 모래 위에 쌓은 성과 같다.

어떻게 해야 하나요?

가장 효과적인 정독의 방법은 '음독'과 '반복'이다. 음독은 글을 소리 내어 읽는 것이다. 아이가 3단계에서 해온 소리 내어 읽기를 계속해서 할 수 있도록 이끌어 주면 된다. 다만 아이의 영어책 읽기 수준이 향상됨에 따라 문장의 길이가 길어지고 분량도 많아질 것이다. 이때 책 한 권을 모두 소리 내어 읽을 필요는 없다. 책의 앞부분만 소리 내어 읽어도 되고 좋아하는 부분만 읽어도 된다. 정독을 한다고 해서 모든 단어를 곱씹어가며 읽을 필요는 없다. 소리 내어 읽는 정도의 속도로 읽으면 충분하다. 적절한 속도로 책을 읽으며 내용을 파악하는 것이 핵심이다.

정독의 또 다른 방법 중 하나는 반복해서 읽는 것이다. 아이는 책을 반복해서 읽을 때마다 더 많은 단어와 표현을 이해할 수 있게 된다. 반복을 통해 책을 더 깊게 이해할 수 있게 되는 것이다. 《읽기 유창성 지도법》에 따르면 반복 읽기는 읽기 속도, 단어 인지 능력, 읽기 이해력에 긍정적인 영향을 미친다고 한다. 읽기 능력을 복합적으로 향상시킬 수 있는 효과적인 방법이다. 아이들은 좋아하는 책을 반복해서 읽으며 안정감을 느끼기 때문에 아이가 좋아하는 한 권의 책을 여러 번 반복해서 읽는 것도 좋다. 반대로 한 권을 반복하는 것을 지루해 한다면 같은 시리즈북 내에서 몇 권을 반복해도 괜찮다.

다독(Extensive Reading)

다독은 많이 읽는 것을 말한다. 다양한 책을 내용에 집중해서 요점을 파악하며 읽는 방법이다. 정독이 표현이나 문법, 어휘에 집중하는 것과는 달리 다독은 의미에 집중한다. 사실 다독은 책 읽기의 즐거움에 빠져 책을 닥치는 대로 읽어 나가는 것이라고도 할 수 있다. 읽고 싶은 책을 읽으며 그 속에서 즐거움을 느끼는 것, 다독의 가장 큰 특징이자 장점이다. 언어학자 크라센은 다독을 '즐겁게 읽기(Pleasure reading)', '자발적 읽기(Free Voluntary reading)'라고 표현했다. 다독은 읽기 독립을 통해 도달할 수 있는 책 읽기의 최종 단계이다.

다독은 책 읽기로 영어 인풋을 쌓는 데 필수적이다. 인풋이 부족한 것은 영어를 배우는 학습자에게 가장 치명적인 문제이기도 하다. 절대량을 넘길 만큼 인풋이 충분히 채워지지 않은 경우가 많은데 다독이 이런 문제를 해결해 줄 수 있다. 아이들은 책 읽기의 즐거움에 푹 빠져 자신도 모르는 사이에 영어를 습득하게 되는 마법 같은 일을 겪게 된다. 많은 책을 읽어 나가며 다양한 어휘와 표현을 접하고 그것을 문맥 속에서 이해할 수 있게 된다.

어떻게 해야 하나요?

다독을 할 때는 일단 책을 멈추지 않고 읽어야 한다. 모르는 단어가 있다고 해서 읽기를 멈추면 안 된다. 다독의 중요한 특징인데 다독을 하며 맥락을 통해 단어나 표현을 이해하는 능력을 길러 나가는 것이다. 그래야 다양한 책 읽기에 더욱 익숙해질 수 있다. 다독은 결국 한글책을 읽는 것과 비슷하다. 모르는 단어가 있다고 해서 일일이 사전을 찾아보며 읽지 않기 때문이다. 물론 1단계부터 차근차근 단계를 밟아 왔기 때문에 문맥을 통해 유추하는 것은 이미 충분히 연습이 되어 있을 것이다.

다만 모르는 단어가 이야기의 핵심 단어일 경우 책을 다 읽은 후에는 확인하는 것이 좋다. 읽기 중에 따로 메모해 두었다가 책을 다 읽은 후에도 이해가 되지 않으면 찾아보는 것이다. 단어를 확인할 때는 뜻만 보는 것이 아니라 다양한 예문을 함께 확인하는 것이 중요하다. 그래야 쓰임을 정확히 이해할 수 있기 때문이다. 구글에서 해당 영어 단어를 검색해 보는 것도 좋다. 단어가 쓰인 여러 문장을 볼 수 있고 이미지를 통해 훨씬 더 쉽게 이해할 수 있게 된다.

다독은 읽기 독립을 해나가는 시기에 절대적으로 필요한 과정이다. 다독을 할 때 항상 다독의 목적을 염두에 둘 필요가 있다. 아이에게 다독을 하게 하는 것은 책 읽기의 즐거움을 느끼고 그 속에서 영어 인풋을 쌓기를 바라기 때문이다. 그런데 요즘 영어책 500권 읽기, 1000권 읽기가 마치 유행처럼 경쟁처럼 퍼지고 있다. 물론 책을 많이 읽는 것은 좋지만 그 자체가 아이의 책 읽기 목표가 되는 것은 바람직하지 않다. 그저 아이가 읽고 싶어 하는 책을 즐겁게 읽을 수 있도록 해주면 그것으로 충분하다.

속독은 아직 안 된다

이때 가장 주의해야 하는 것이 '속독'이다. 속독은 정말 숙련된 독서가의 수준에 올랐을 때 가능한 것이다. 아직 아이에게는 시기상조라고 할 수 있다. 지금은 영어 읽기의 틀을 잡아나가는 시기인 만큼 너무 빠르게 읽는 습관은 피해야 한다. 아이는 책에 있는 그림의 도움을 받기 때문에 대충 눈치로 내용을 파악할 수 있다. 그리고 책을 다 이해했다고 착각할 수도 있다. 그런데 확인을 해보면 못 따라오고 있는 경우가 많다. 초반에 정확하게 읽는 습관을 들여야 나중에 필요에 따라 빠르게도 느리게도 읽을 수 있게 된다.

지금은 항상 정독하는 습관이 먼저 자리 잡힐 수 있도록 신경 써야 한다. 정독 습관 없이 빠르게만 읽는 습관이 자리 잡히면 나중에 영어를 학습할 때도 놓치는 부분이 많다. 특히 지문을 꼼꼼히 읽지 못해 실수하는 경우가 많다. 내가 아이들을 가르칠 때도 어릴 때 책을 많이 읽었지만 읽기가 잘 안 되는 아이들을 자주 만날 수 있었다. 바로 정독하는 습관이 제대로 잡혀 있지 않았기 때문이었다. 그저 빨리만 읽으려고 하면 놓치는 부분이 많아져서 내용 파악도 힘들어지게 되고 실수가 나오게 되는 것이다. 그럴 때는 꼭 소리 내어 읽을 수 있도록 하고 그 속도보다 더 빨리 읽지 않도록 하는 게 필요하다.

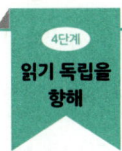

읽기 독립은 읽기 과정이 자동화 되었을 때 가능하다

진정한 의미의 읽기 독립

아이가 '책을 다 읽었다'라고 표현하는 것은 두 가지 의미로 생각해 볼 수 있다. 하나는 책에 있는 글자와 단어를 다 읽었다는 것이고, 다른 하나는 책의 내용을 이해했다는 것이다. 진정한 의미의 읽기 독립은 이 두 가지 과정이 자연스럽게 연결되어 자동화 되었을 때 가능하다. 충분한 읽기 경험을 통해 문자를 해독하는 것에서 글 전체를 이해하는 것으로 나아가야 한다. 이 과정이 잘 안 된다면 아직 읽기 독립은 멀었다. 마치 한국 사람이 한글을 읽을 수 있지만 수능 국어 영역을 잘 풀지 못하는 것과 같다.

아이의 영어책 읽기 목표는 진정한 읽기를 실현하는 것이 되어야 한다. 진정한 읽기는 단지 글을 소리 내어 유창하게 읽을 수 있고 단어와 문법을 파악하는 것에서 그치지 않는다. 글 전체를 볼 수 있는 눈이 생겨야 의미를 이해할 수 있다. 학창시절에 단어 하나하나, 문장 하나하나 쪼개서 해석했던 일을 생각해 보자. 단어도 알고 문장도 대충 해석이 되는데 이 글이 뭘 말하고 있는지 파악하기 힘들었던 경험이 있을 것이다. 진정한 읽기를 실현해야 크게 볼 수 있는 눈이 생기는 법이다.

진정한 의미의 읽기는 충분한 읽기를 통해 실현이 가능하다. 오랜 시간 쌓아온 책 읽기 경험을 통해 부분에서 전체를 볼 수 있는 과정이 바로 '자동화' 되는 것이다. 《읽기 유창성 지도법》에서는 이런 읽기의 과정을 모스 부호를 익히는 과정에 비유했다. 처음 모스 부호를 익힐 때는 부호 하나하나에 집중하느라 메시지를 파악하는 데 오래 걸린다. 하지만 장시간의 연습으로 익숙해지게 되면 부호를 수신하면서 바로 의미를 파악할 수도 있게 된다. 아이들의 읽기 과정도 이렇게 되어야 한다. 세부적인 것에 집중해서 읽어 나가다가 어느 순간 전체를 바라보며 책을 읽을 수 있게 되어야 하는 것이다.

《책 읽는 뇌》에 따르면 초보 독서가와 숙련된 독서가는 뇌를 사용하는 것에서도 차이가 난다고 한다. 책을 읽을 때 초보 독서가의 뇌는 전체가 활발하게 움직이지만 숙련된 독서가의 뇌는 일부만 활발해진다고 한다. 숙련된 독서가는 이미 읽기 과정이 자동화 되어 뇌를 조금만 써도 내용을 이해하는 데 무리가 없는 것이다. 책 읽기를 해나가는 데 있어서 단어와 문법을 파악하는 것도 정말 중요하지만 이것 또한 진정한 읽기를 실현하기 위한 준비 단계가 되어야 한다. 엄마와 아이가 목표로 하는 것은 여기에서 한 단계 더 나아가는 것이다.

   아이들이 진정한 읽기 독립에 도달할 수 있도록 영어책 읽기를 충분히 경험하게 해주자. 언어는 결국 목적을 달성하기 위한 수단으로 활용되어야 한다. 아이가 단지 영어 시험에서 단어를 맞추고 문제를 풀어나가게 하는 것이 목표가 아니지 않나. 영어를 통해 더 많은 정보를 접하고 더 다양한 작품을 감상할 수 있도록 하는 것이기 때문에 언어에 구애받지 않고 자유롭게 글의 내용을 느낄 수 있도록 목표를 멀리 내다보고 잡자.

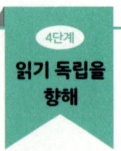

핵심은 충분히 읽고 또 읽기

    1단계부터 차근차근 단계를 밟아 온 아이라면 이제 책 읽기의 재미를 알게 되었을 것이다. 읽기에 가속도가 붙기도 했을 것인데 이때 부모는 아이가 좋아하는 책을 많이 제공해 주면서 인풋을 쌓을 수 있도록 도와주면 된다. 이때 핵심은 이해 가능한 인풋(comprehensible input)이어야 한다는 것이다. 아이의 영어 습득에서 기본적으로 지켜야 하는 원칙 중 하나이다. 이해하지 못하는 것을 읽거나 듣는 것은 효과가 크지 않다. 이해 가능한 인풋이 여러 맥락에서 반복적으로 많이 다루어져야 한다. 그래야 유의미하게 입력되어 습득할 수 있게 된다.

    특히 리더스북과 챕터북을 읽는 시기에는 더욱 아이의 수준에 맞는 책을 보여주는 것이 중요하다. 수준에 맞는 책을 충분히 읽어야 읽기 수준을 향상시킬 수 있다. 흔히 말하는 리딩 레벨을 올릴 수도 있다. 사실 '충분히'라는 말처럼 주관적인 표현은 없을 것이다. 얼마나 읽어야 될지 고민이 될 때는 너무 이 수준에서 오래 머무르는 게 아닐까 싶은 걱정이 들 정도로 많이 보면 된다. 읽기 수준이라는 게 레벨 숫자처럼 딱딱 끊어서 구별되는 것도 아니다. 조금 아래 수준의 책도 보고 조금 위의 수준의 책도 경험하면서 나아가는 것이다. 조급해 하지 말고 지금 수준에서 충분히 머무르면 된다.

지금 수준에 오래 머무르면서 읽는 것을 '지평선 읽기'라고도 한다. 위로 올라가는 것이 아니라 옆으로 확장하면서 읽는 것이다. 레벨을 식별하기 쉬운 리더스북이나 챕터북을 읽기 시작하면서 레벨에 집착하는 부모가 생긴다. 그런데 한 단계의 리더스북을 한 질 다 읽었다고 다음 레벨로 훌쩍 넘어가 버리면 아이는 숨이 찰 수 있다. 반드시 비슷한 수준의 다른 책들을 많이 읽게 해주어야 한다. 레벨은 위가 아니라 옆으로 넓혀가야 다음 단계를 쌓아 올릴 바탕을 마련할 수 있다는 것을 기억하자.

특히 파닉스를 익히고 본격적으로 스스로 읽기를 시작하는 초반에는 생각보다 리딩 레벨이 빠르게 올라간다. 그때 읽는 책들은 쉬운 편이기도 하고 소리 내어 읽기를 하기 때문에 아이의 실력 향상이 더욱 두드러진다. 그러면서 부모는 다음 단계를 생각하면서 아이의 영어 실력에 기대를 하기 시작한다. 그런데 리딩 레벨이라는 것이 단시간에 뛰어넘을 수 있는 것이 절대 아니다. 대표적인 리딩 레벨인 AR 지수만 보더라도 각 단계가 미국의 아이들이 한 학년, 즉 1년 동안 보는 수준을 나타내고 있다. 그걸 우리 아이가 몇 개월 만에 뛰어넘는 것은 무리일 것이다. 무엇보다 책 읽기를 1~2년만 하는 게 아니지 않나. 조급해 할 필요가 전혀 없다.

비슷한 수준의 책을 충분히 읽게 되면 여러 어휘와 표현을 반복적으로 접할 수 있다. 여러 상황과 맥락 속에서 더욱 정확히 쓰임을 이해할 수도 있게 된다. 자신의 수준보다 높은 책을 보는 것은 영어 실력 향상에 크게 도움이 되지 않으며 내용을 이해하고 사고하는 능력도 키울 수가 없다. 아이는 조금 어려운 수준의 책도 줄거리를 물어보면 눈치껏 대충 파악해서 이야기할 수는 있다. 하지만 그렇게 읽는다 해도 아마 머릿속에 남는 건 별로 없을 것이다. 그 속에 쓰인 어휘나 표현도 인풋으로 쌓일 가능성이 크지 않다.

무엇보다 아이의 읽기 수준은 여러 가지를 복합적으로 고려해서 결정해야 한다. 단순히 이해하는 단어나 문법이 많아졌다고 해서 다음 단계로 넘어갈 수 있는 것이 아니다. 정독 습관이 완전히 자리를 잡았는지, 다음 단계의 주제를 이해할 만큼 생각의 그릇이 커졌는지도 따져 봐야 한다. 어떤 책은 영어 수준보다 정신적 이해력을 더 많이 요구할 수도 있다. 아이가 성장해야 정신적·정서적으로 이해하고 공감할 수 있는 범위도 넓어진다. 그때까지 충분한 읽기를 하며 아이의 성장을 기다릴 필요가 있다.

현재 수준에서 충분히 책을 읽을 때는 한 권을 여러 번 읽어도 되고 여러 권을 한 번씩 읽어도 된다. 요즘 영어책 1,000권 읽기가 유행이다. 1,000권을 한 번씩 읽는 것도, 10권을 100번씩 읽는 것도 모두

1,000권을 읽은 것이다. 이때 읽은 책을 매일 기록하고 표시하는 것도 성취감을 느낄 수 있는 좋은 방법이다. 엄마는 스마트폰 앱을 활용해서 간단히 기록해 두자. 아이는 크게 볼 수 있는 곳에 스티커를 붙이거나 손 그림으로 표시를 하게 해준다. 표시 칸을 채워가는 것을 보며 아이는 어느새 뿌듯함을 느낄 것이다. 계획한 만큼 책을 다 읽었을 때는 간단하게 파티나 선물로 축하를 해주는 것도 좋다.

대표적인 리딩 레벨 알아보기

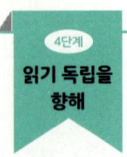

리딩 레벨은 책의 난이도를 알려주는 지수이다. 우리 아이의 수준에 맞는 책을 고를 때 참고할 수 있다. 특히 리더스북처럼 단계가 명확하게 표시된 책을 접하기 시작하면서 많이 듣게 될 것이다. 유명한 것이 AR 지수, 렉사일 지수이다. 모두 무료로 쉽게 확인할 수 있고 인터넷에서 관련 자료도 많이 찾을 수 있다. 국내 영어 학원에서도 많이 사용하고 있다.

AR 지수(Accelerated Reader)

AR 지수는 책에 나온 단어의 난이도, 문장의 길이, 어휘 수 등을 분석해서 지수로 나타낸 것이다. ATOS 지수라고도 이야기한다. AR

지수는 미국 르네상스 러닝사에서 개발한 것으로 미국의 6만 곳 이상의 학교에서 활용하는 독서 프로그램을 개발한 곳이다. AR북파인더(www.arbookfinder.com) 홈페이지에 방문해서 책을 검색하면 책의 AR 지수와 관심 독자 수준 등을 무료로 확인할 수 있다.

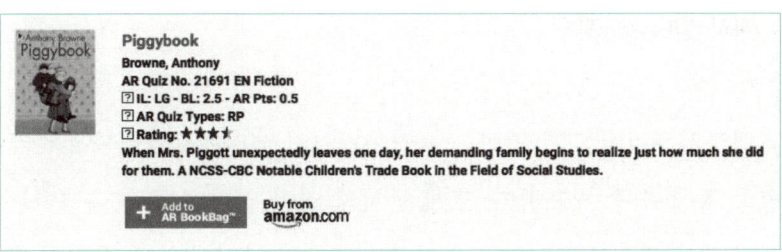

AR 지수는 미국 교과 과정에 따라 1점대부터 12점대까지 나눠 볼 수 있다. 1점대는 1학년, 12점대는 12학년 수준을 이야기한다. 만약 AR 지수가 3.4라면 그 책은 미국의 3학년 4개월 차 되는 아이들이 읽는 수준의 책이라는 뜻이다. 위의 그림은 실제로 앤서니 브라운의 《Piggybook》을 검색해 본 결과다. 'BL(Book Level)'이 바로 AR 지수이다. 2.5라고 되어 있으니 2학년 중반 정도의 아이들에게 적합한 수준이라는 것을 알 수 있다. 이때 같이 참고하면 좋은 것은 'IL(Interest Level)'이다. 이 책에 흥미를 가질 만한 아이들 수준을 알려주는 지표로 'LG(Lower Grades)'라고 표시되어 있다. 즉 유치원생부터 초등 3학년생까지 적합한 책이라는 뜻이다.

IL (Interest Level)		
LG	Lower Grades	유치원 ~ 초등 3학년
MG	Middle Grades	4 ~ 8학년
MG+	Upper middle Grades	6학년 이상
UG	Upper Grades	9 ~ 12학년

렉사일(Lexile) 지수

    렉사일은 미국의 유명한 교육연구기업인 메타메트릭스사에서 개발한 독서 수준 지표이다. 크게 독자의 영어 읽기 수준을 측정하는 것과 책의 텍스트 난이도를 측정하는 것으로 나눠져 있다. 우리가 흔히 이야기하는 렉사일 지수는 후자가 된다. AR 지수와 함께 미국에서 가장 대표적인 읽기 지수로 활용되고 있다. 국공립 교과서나 추천 도서 옆에도 렉사일 지수가 많이 표시되어 있다. 숫자 뒤에 L을 붙여서 표시하고 숫자가 높을수록 리딩 레벨이 높은 것이다.

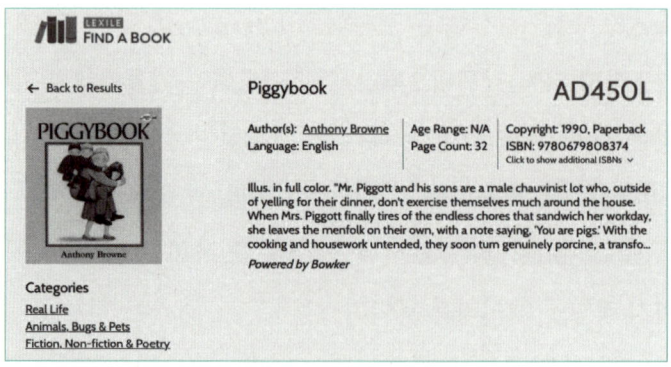

렉사일 지수는 렉사일닷컴(lexile.com)에서 무료로 확인할 수 있다. 아마존 닷컴에서도 책의 렉사일 지수를 표시하고 있다. 요즘은 알라딘이나 인터파크 등 국내 온라인서점에서도 렉사일 지수를 확인할 수 있는 곳이 늘고 있다. 위의 그림은 《Piggybook》을 렉사일닷컴에서 검색한 것으로 렉사일 지수가 'AD450L'이라고 표시 되어 있다. 앞의 대문자는 렉사일 코드를 나타낸다. AD는 'Adult Directed'라고 해서 아이가 혼자 읽는 것보다 어른이 읽어주는 것이 더 적합한 책이라는 의미이다. 자세한 구분은 아래 표를 참고하면 된다.

렉사일 코드(Lexile Codes)

AD	Adult Directed	어른이 읽어주기에 적합함.
HL	High-Low	읽기 수준은 낮지만 연령은 높은 독자에게 적합함
IG	Illustrated Guide	참고 서적으로 활용되는 논픽션
NG	Non-Conforming	연령은 낮지만 독서 수준이 높은 독자
BR	Beginning Reader	렉사일 지수가 0L 아래인 초보 독자
GN	Graphic Novel	그래픽 노블이나 만화책
NP	Non-prose	시나 희곡 등 비산문

렉사일 지수 범위(출처: https://lexiletest.kr)

Lexile 200~500	미국 초등 저학년 수준
Lexile 300~800	미국 초등 고학년 수준
Lexile 800~1000	미국 중학생 수준
Lexile 1000~1200	미국 고등학생 수준
Lexile 1200~1700	미국 대학생 수준

리딩 레벨을 활용하는 방법

　리딩 레벨은 아이가 읽는 책의 수준을 확인하거나 그 수준에 어떤 책들이 있는지 알아볼 때 참고하면 좋다. 특히 리더스북이나 챕터북을 읽을 때 수준에 맞는 책을 찾는 데 유용하다. 하지만 유념해야 할 것은 아이의 읽기 수준은 리딩 레벨의 지수처럼 정확하게 나눠지지 않는다는 것이다. 아이는 3점대의 책을 읽다가도 다시 1, 2점대의 책을 읽기도 하고, 어떤 날은 4점대 책에 관심을 보이기도 한다. (다음 레벨의 책을 한두 권 읽었다고 감격해서 바로 다음 레벨의 책을 들이밀면 안 된다.) 너무 정확하게 맞추려고 할 필요가 없다. 가장 중요한 것은 아이의 흥미와 재미이다. 아이의 수준을 보다 폭넓게 고려해서 좋아하는 책을 충분히 볼 수 있도록 하면 된다. 그러다 보면 아이의 리딩 레벨은 자연스럽게 향상될 것이다.

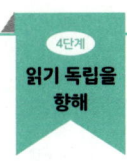

쉬운 챕터북부터 도전한다

원칙은 항상 아이가 좋아하는 책을 읽게 하는 것이다. 이제 책 읽기의 즐거움에 푹 빠져서 책을 마구 읽어 나갈 때이다. 챕터북을 읽기 시작하는 수준이기도 하다. 아이가 읽고 싶어 하는 책이 있다면 그게 무엇이든 (내용상 큰 문제가 없는 한) 읽게 해주는 것이 좋다. 책 읽기의 순수한 재미를 느낄 수 있도록 하자. 물론 여기서도 잊지 말아야 하는 것은 아이의 수준을 고려하는 것이다. 여러 번 강조했지만 아이가 충분히 이해할 수 있는 수준의 책을 보게 하는 것이 중요하다.

외국어 읽기 교육을 연구한 너텔(Nuttall)은 다독을 위한 책 선정 기준으로 'SAVE'를 주장했다. 짧고(S; Short) 흥미로우며(A; Appealing) 다양하고(V; Varied) 쉬운(E; Easy) 책이어야 한다는 것이다. 그동안 아이의 책을 고르는 데 적용했던 기본 원칙과 크게 다르지 않다. 이야기가 너무 길어서 읽기도 전에 부담을 느끼게 해서는 안 되며 아이가 흥미를 느끼는 다양한 책으로 영역을 넓혀가야 한다. 아이의 영어 실력이 높아질수록 더 어려운 책을 들이미는 엄마가 있는데 절대 서두르면 안 된다. 아이는 자신의 수준에 머무르면서 충분히 읽고 또 읽어야 한다.

정독의 습관이 탄탄하다면 이제 조금씩 챕터북을 시작할 수도 있다. 챕터북은 말 그대로 챕터가 나눠진 책이다. 보통 70쪽 이상의 분량으로 되어 있고 7세부터 초등 저학년 시기에 읽으면 좋은 책들이 많다. 그림책보다 글이 길어졌지만 소설책보다 삽화가 많이 들어 있어서 아이들이 읽기 책에 익숙해지는 데 도움이 된다. 챕터북은 대부분 시리즈물로 많이 나오기 때문에 다음 이야기를 기대하며 좀 더 흥미진진하게 읽을 수 있다. 특히 아이가 좋아하는 캐릭터가 있다면 거기에 푹 빠져서 처음부터 끝까지 읽어나갈 힘이 생길 수 있다. 진정한 다독을 실천할 수 있게 되는 것이다.

챕터북에는 얼리 챕터북(Early Chapter Book)도 있다. 챕터북 초기 단계에 읽으면 좋은 쉬운 챕터북이라고 생각하면 된다. 아이는 생각보다 리더스북과 챕터북 사이의 차이가 크다고 느낄 수 있기 때문에 이때 얼리 챕터북을 읽으며 글밥이 많은 책에 익숙해지는 것도 하나의 방법이다. 얼리 챕터북은 챕터북보다 좀 더 그림이 많고 글자 수는 적은 편이다. 가장 유명한 것은 《Nate the Great》 시리즈일 것이다. 《Junie B. Jones》 시리즈도 챕터북 중에서는 쉬운 편이기 때문에 챕터북 초기 단계에서 많이 읽는 유명한 책이다. 《Junie B. Jones》 같은 시리즈물은 이야기의 전개와 함께 주인공도 성장하고 있기 때문에 가능하면 앞에서부터 순서대로 읽는 것이 좋다.

얼리 챕터북

《Nate the Great》/ Marjorie Weinman Sharmat

얼리 챕터북으로 정말 유명한 책이다. 소년 탐정 네이트가 자신의 강아지와 함께 일상의 소소한 사건들을 해결해나가는 이야기이다.

《Junie B. Jones》/ Barbara Park

귀여우면서도 엉뚱한 소녀의 유치원부터 초등학교까지의 일상 이야기를 담고 있다. 뉴욕타임즈의 베스트셀러이다.

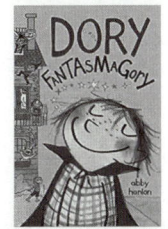

《Dory Fantasmagory》/ Abby Hanlon

귀염둥이 막내 도리의 재미난 상상을 엿볼 수 있는 이야기이다. 도리는 가족들이 놀아주지 않자 온갖 기발한 상상을 하며 일상을 더욱 재미있게 만든다.

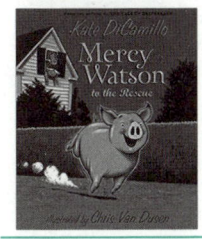

《Mercy Watson》/ Kate Dicamillo

귀여운 사고뭉치 돼지 머시 왓슨의 이야기이다. 큼직한 글씨와 함께 컬러 그림이 가득해서 부담 없이 읽을 수 있다.

《The Bad Guys》/ Aaron Blabey

페이지 수는 많은 편이지만 그래픽 노블이라 좀 더 쉽게 볼 수 있다. 나쁜 녀석들이 영웅이 되어 악당을 물리치는 이야기이다.

《The Princess in Black》/ Shannon Hale & Dean Hale

괴물에 맞서 싸우는 당찬 공주의 이야기이다. 공주에 대한 고정관념을 깬 씩씩하고 강인한 공주가 등장한다.

《Dragon Masters》/ Tracey West

드래곤 마스터로 선택받은 드레이크가 자신의 용과 함께 모험을 하는 이야기이다. 판타지, 마법을 좋아하는 아이라면 푹 빠져들 것이다.

《Bad Kitty》/ Nick Bruel

까칠한 고양이가 개와 함께 하는 일상을 아주 코믹하게 풀어냈다. 그림이 많아서 쉽게 읽을 수 있다.

《Ricky Ricotta's Mighty Robot》/ Dav Pilkey

마이티 로봇과 작은 생쥐 리코타가 단짝이 되어 악당을 물리치는 이야기이다. 같은 작가의 《Dog Man》시리즈(그래픽 노블)도 아이들에게 인기가 많다.

《Press Start》 / Thomas Flintham

써니라는 소년이 게임을 시작하면 그 게임 속에서 슈퍼 래빗 보이가 악당을 물리치고 동물 마을을 지키는 이야기이다. 전면 컬러로 되어 있는 책이다.

《Roscoe Riley Rules》 / Katherine Applegate

착하고 사랑스러운 초등학생 로스코가 호기심 때문에 이런저런 사고를 치는 재미있는 일상 이야기이다.

《Owl Diaries》 / Rebecca Elliott

귀여운 부엉이 애바의 일상 이야기가 일기 형식으로 담겨 있다. 컬러 그림에 대화문은 말풍선으로 그려져 있어 부담 없이 읽을 수 있다.

《Ivy+Bean》 / Annie Barrows

성격이 정반대인 두 소녀 아이비와 빈의 우정 이야기이다. 여자아이들의 이야기지만 남자아이들도 재미있게 읽는다.

《A Narwhal and Jelly Book》 / Ben Clanton

외뿔고래와 해파리의 유쾌한 우정 이야기이다. 그래픽 노블을 맛볼 수 있는 만화 형식으로 되어 있어서 부담 없이 볼 수 있다.

《Arnold and Louise》/ Erica S. Perl

커다란 흑곰 아놀드와 작은 다람쥐 루이스의 귀엽고 사랑스러운 우정 이야기를 다루고 있다.

챕터북

《Magic Tree House》/ Mary Pope osborne

정말 유명한 챕터북이다. 남매인 잭과 애니가 나무 위의 집을 통해 마법의 시간 여행을 하는 이야기이다. 마법, 판타지를 좋아하는 아이라면 푹 빠져 《Magic Tree House Merlin Missions》도 읽을 것이다.

《A to Z Mysteries》/ Ron Roy

딩크, 조시, 루스 세 친구가 사건을 추리해 나가는 이야기이다. 미스터리 책을 좋아하는 아이라면 같은 작가의 《Calendar Mysteries》도 좋아할 것이다. 《Calendar Mysteries》가 좀 더 쉬우니 먼저 봐도 된다.

《Arthur Chapter Book》/ Marc Brown

애니메이션 아서가 챕터북으로도 나와 있다. 아서를 좋아하는 아이라면 영어 수준에 맞게 리더스북, 챕터북 등 다양하게 선택해서 볼 수 있다.

《Horrible Harry》/ Suzy Kline

귀엽고 장난꾸러기 해리와 친구들의 이야기이다. 해리가 속한 3B반 아이들의 학교생활을 만날 수 있다.

《My Weird School》/ Dan Gutman

초등학교 2학년이 된 A.J.와 학교의 괴짜 선생님들 이야기이다. 아이들과 선생님의 학교생활이 매우 코믹하게 그려져 있다. 많은 아이들이 좋아하는 책이다.

《George Brown, Class Crown》/ Nancy Krulik

새로 전학 간 조지가 겪는 재미있는 학교생활 이야기이다. 조지와 친구들의 엉뚱하면서도 지저분한(!) 에피소드를 볼 수 있다.

《Judy Moody》/ Megan Mcdonald

개성 있고 솔직한 캐릭터인 주디 무디와 초등학교 3학년 아이들의 일상생활 이야기를 다루고 있다.

《Cam Jansen》/ David A. Adler

주인공 제니퍼가 친구 에릭과 함께 사건을 해결해 나가는 탐정 이야기이다. 제니퍼는 마치 사진을 찍은 것처럼 뛰어난 기억력으로 사건의 실마리를 찾아나간다.

《Magic School Bus》 / Joanna Cole

애니메이션으로도 유명한 매직 스쿨버스의 챕터북 버전이다. 과학 지식을 많이 담고 있기 때문에 어느 정도 지식이 쌓인 후에 보는 것이 좋다. 영상과 함께 보는 것을 추천한다.

《Wayside School》 / Louis Sachar

한 층에 교실 1개가 있는 30층짜리 학교 이야기이다. 조금은 황당하지만 웃긴 에피소드로 구성되어 있어서 아이들이 정말 좋아한다. 이 책으로 만든 애니메이션을 유튜브 'Keep It Weird' 채널에서 볼 수 있다.

수준 높은 챕터북

《Roald Dahl》 / Roald Dahl

아이들에게 정말 사랑받는 작가인 로알드 달의 챕터북들이다. '찰리와 초콜릿 공장', '마틸다' 등으로 영화화된 책도 많으니 함께 보기 좋다.

《Tales of a Fourth Greade Noting》 / Judy Blume

유명 작가인 주디 블룸의 책이다. 장난꾸러기 막내 퍼지와 퍼지 때문에 골머리를 앓고 있는 터울 많은 형 피터의 이야기다. 삽화가 없기 때문에 소설로 넘어가기 전에 읽으면 좋다.

《Charlotte's Web》 / E. B. White

뉴베리상 수상작. 거미 샬롯과 아기 돼지 윌버의 따뜻하고 감동적인 우정 이야기로 영화로도 나왔다.

《Frindle》 / Andrew Clements

호기심 많은 닉이 펜을 프린들이라고 부르기 시작하면서 생기는 변화에 관한 이야기이다. 재미있으면서도 교훈적이다.

《Clementine》 / Sara Pennypacker

자유로운 영혼을 가진 말괄량이 소녀 클레멘타인이 주인공이다. 남을 도와주려다가 오히려 사고를 치고 마는 좌충우돌 성장기를 담고 있다.

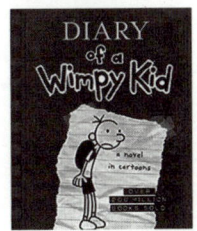
《Diary of a Wimpy Kid》 / Jeff Kinney

중학생 그레그가 쓴 일기형식의 이야기로 10대가 겪는 일상과 고민을 재미있고 생생하게 보여준다.

《Amber Brown》 / Paula Danziger

초등학교 3학년 여자아이 앰버 브라운의 특별한 성장기를 담고 있다. 부모님의 이혼, 친구와의 이별 등 아이의 고민을 재치 있게 잘 풀어냈다.

챕터북을 읽기 시작했다고 그림책을 그만 보아야 하는 것은 아니다. 오히려 계속해서 보는 것이 영어 실력 향상에 도움이 된다. 그림책은 다양한 수준의 책이 나와 있다. 읽기 수준이 높은 아이들도 쉽게 이해하기 어려운 수준의 책들도 있다. 하나의 문학 작품을 접한다고 생각하고 계속해서 그림책을 보는 것이 좋다. 아이들의 이해력과 사고력을 키워주는 데도 챕터북보다 더 효과적이다. 가능하면 엄마가 계속 그림책을 읽어주는 것이 좋다. 무엇보다 초등학생은 아직 부모와 함께 하는 시간이 좋을 나이이기 때문에 자기 전에 아이와 함께 시간을 보내며 그림책을 함께 읽어 보자.

그림책

	《Extra Yarn》 / Mac Barnett	
	칼데콧상 수상작. 소녀 애나벨이 줄어들지 않는 마법 털실로 사람들에게 스웨터를 떠주며 마을을 변화시키는 이야기다.	
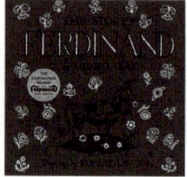	《The Story of Ferdinand》 / Munro Leaf	
	퍼디낸드는 조용히 앉아 꽃구경하는 것을 좋아하는 황소이다. 결국 남들의 뜻이 아닌 자신의 진정한 행복을 찾아가게 되는 이야기이다.	

《Little Mouse's Big Book of Fears》/ Emily Gravett

케이트그린어웨이상 수상작. 작은 쥐가 자신이 두려워하는 것에 대해 이야기하고 있는데 스크랩북 형식으로 되어 있어서 재미있는 책이다.

《The True Story of the Three Little Pigs》/ Jon Scieszka

유명한 동화인 《아기 돼지 삼형제》를 늑대의 입장에서 바꿔 쓴 이야기이다. 같은 사건이라도 보는 사람에 따라 달라질 수 있다는 것을 배울 수 있다.

《Sylvester and the Magic Pebble》/ William Steig

칼데콧상 수상작. 당나귀 실베스터가 소원을 들어주는 조약돌을 주우면서 일어나는 이야기를 담고 있다.

《One of Each》/ Mary Ann Hoberman

모든 것을 하나씩만 가지고 있는 혼자 사는 개 올리버의 이야기이다. 친구와 함께 하기 위해서는 나눌 것이 필요하다는 것을 깨닫는 이야기이다.

《Jumanji》/ Chris Van Allsburg

칼데콧상을 2번이나 받았다. 우리가 잘 아는 영화 쥬만지의 원작이다. 같은 작가의 《Garden of Abdul Gasazi》도 흥미진진하게 읽기 좋다.

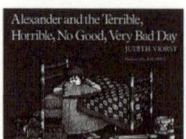
《Alexander and the Terrible, Horrible, No Good, Very Bad Day》 / Judith Viorst

유난히 일진이 안 좋은 불만 가득한 소년 알렉산더의 하루를 담은 이야기이다. 마지막에 어머니가 그런 날도 있는 것이라며 위로해 준다.

《Blueberries for Sal》 / Robert McCloskey

엄마와 함께 블루베리를 따러 간 살과 엄마 곰을 따라 블루베리를 먹던 아기 곰이 엄마가 뒤바뀐 채 따라가는 이야기이다. 다행히 다시 엄마를 만나게 된다. 같은 작가의 《Make Way for Ducklings》도 매우 유명한 작품이다.

《Miss Rumphius》 / Barbara Cooney

어린 시절 할아버지와 이야기를 나누었던 것처럼 세상을 아름답게 만드는 삶을 살고자 했던 미스 럼피우스의 이야기다.

《Officer Buckle & Gloria》 / Peggy Rathmann

안전수칙을 교육하는 경찰관 버클이 혼자일 때보다 경찰견 글로리아와 함께 할 때 더욱 서로를 빛나게 해준다는 것을 깨닫는 이야기이다.

《The Man Who Walked Between the Towers》 / Mordicai Gerstein

칼데콧상 수상작. 지금은 사라진 뉴욕 쌍둥이 빌딩에서 외줄타기에 도전한 곡예사 필리프의 이야기를 담고 있다. 영화로도 나왔다.

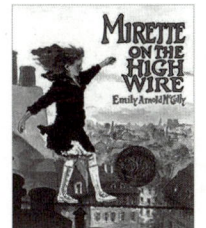

《Mirette on the High Wire》/ Emily Arnold McCully

칼데콧상 수상작. 용감한 소녀 미레트와 줄타기 고수 벨리니의 이야기이다. 슬럼프에 빠진 벨리니는 미레트 덕분에 다시 힘을 얻어 줄타기에 도전할 수 있게 된다.

한 가지 당부하고 싶은 것은 책의 단계를 너무 따질 필요가 없다는 것이다. 아이가 선택한 책이라면 어떤 것이든 지지해 주는 게 먼저다. 해리포터를 읽다가도 다시 그림책을 꺼내보는 게 아이들이다. 아이의 책을 그림책-리더스북-챕터북 등의 순서로 구별해 놓았지만 아이들에게는 그 경계가 없다. 재미있는 책이 우선일 뿐이다. 아이가 즐겁게 볼 수 있다면 그걸로 충분하다.

Q&A
내 아이, 잘 하고 있는 걸까요?

　엄마표 영어를 하다 보면 정체기라고 느껴지는 순간이 올 때가 있다. 그런 순간에는 그동안 열심히 마음을 다잡아 왔음에도 불구하고 잘하고 있는 것인지 불안하면서 회의감이 들기도 한다. 그런데 외국어 실력은 답답할 정도의 정체기를 지나야 다음 단계로 도약할 수 있다. 사실 정체기라고 느끼는 건 엄마일 뿐이지 정작 아이는 꾸준히 발전해 나가고 있다. 부모의 조급한 마음이 불안함을 안겨주는 것인지도 모른다. 외국어는 계단식으로 그래프를 그리며 발전한다. 아이가 계속 같은 수준에 머물고 있는 것 같지만 사실은 다음 단계로 가기 위한 기초를 다지고 있는 중이다.

　엄마가 마음을 좀 내려놓을 필요가 있다. 특히 리더스북을 시작하면서 챕터북으로 넘어갈 시기 때문에 고민하는 경우가 정말 많다.

리딩 레벨을 확인하고 나니 더욱 마음이 조급해진다. 아이가 곧잘 읽는 것 같아서 챕터북을 시도했는데 좋아하지 않는다면 아직 아이는 준비되지 않은 것이다. 아이가 책이 '재미없다'라고 표현하는 것은 '너무 어렵다'라는 것과 같다. 그럴 때는 좀 더 쉽고 재미있는 그림책과 리더스북을 충분히 보게 하는 것이 좋다. 진도에 연연하지 말고 아이의 속도에 맞춰주자.

    부모도 어려워서 하지 못한 것을 아이는 기특하게도 해내려고 하고 있다. 아이가 하기 싫다고 떼쓰지 않고 따라오는 것만으로도 다행이다. 아이가 지쳐 한다는 생각이 들 때는 엄마가 책 읽기에 좀 더 활력을 불어넣어 주자. 영어책을 보고난 뒤 아이가 좋아하는 놀이를 함께 할 수도 있겠다. 책을 보기 전에 먼저 재미있는 영어 영상으로 관심을 갖게 하는 것도 좋다. 무엇보다 아이의 작은 행동에도 칭찬해 주면서 즐겁고 편안한 분위기에서 책을 읽을 수 있도록 해야 한다.

    모소 대나무는 심은 지 4년 동안은 3센티미터 정도밖에 자라지 않는다. 그러다가 5년째 되는 해부터 갑자기 하루에 몇십 센티미터씩 성장을 하는 것으로 유명하다. 사람들은 이 대나무가 갑자기 이렇게 자란다고 생각하겠지만 사실 그동안 이 대나무는 아래로 단단히 뿌리를 내리고 있었다. 아이의 영어 아웃풋은 전혀 나타나지도 않고 인풋은 제대로 쌓이고 있는지 의문이 들 때가 있다. 하지만 아이도 모소 대나무처럼 단단히 아래로 뿌리를 내리고 있는 중이다. 꾸준히 책 읽기를 해나가다 보면 어느 순간 아이가 훌쩍 성장한 것을 느낄 때가 올 것이다.

3부

영어 영상으로 귀가 트인다

영어 영상 보기는
만 2세부터 시작하자

영상 보기를 시작하는 시기

    대부분의 부모는 영어 영상 노출을 언제부터 해야 하는지 고민이 많다. 특히 영상 매체에 대한 부정적인 인식이 보편적이라 아이의 영상 노출을 꺼리기도 한다. 그런데 사실 영상 보기 자체에 대한 걱정보다는 '어떤' 영상을 '얼마나' '어떻게' 보는지를 따져보는 게 더 중요하다. 영상은 잘만 활용하면 영어 습득에 아주 유익한 도구가 되기 때문이다. 영상 노출에 대한 막연한 두려움 때문에 무작정 차단할 필요는 없다. 취할 것은 취하고 버릴 것은 버리면서 현명하게 활용할 수 있어야 한다. 영상 노출을 계획하고 있다면 만 2세부터 천천히 노출하는 것을 권한다.

그동안 영상 시청에 대한 부정적인 인식은 아이의 발달 지연에 관한 것이 많았다. 오감이 골고루 자극받아야 하는 시기에 영상 시청으로 인해 시지각만 발달시키게 된다는 것이다. 하지만 이런 우려는 모두 과도한 영상 시청을 전제로 하고 있다. 어린아이가 부모의 적절한 지도 없이 무분별하게 영상에 노출되는 경우에서 발생할 수 있는 일들이다. 일반적으로 영유아의 경우 하루에 2시간 이상 영상을 시청하지 말 것을 권고하고 있다.

영국 왕립 소아과전문의협회(RCPCH)에서는 2019년 초에 영상 시청 시간 가이드를 발행했다. 여기에서도 영상 시청으로 인한 위험이 다소 과장된 면이 있다고 언급하고 있다. 가이드에 따르면 영상 매체가 주는 직접적인 부작용에 대한 근거는 부족하다고 한다. 다만 영상 시청으로 인해 다른 사람과의 상호작용이나 신체 활동, 수면 같은 긍정적 활동이 줄어드는 것은 아이에게 부정적인 영향을 미칠 수 있다고 한다. 영상 시청 자체를 두려워하기보다는 아이의 발달에 필요한 다른 활동이 소홀해지지 않도록 신경 써야 한다.

미국소아과학회 가이드라인에서는 18개월부터 부모와 함께 양질의 영상을 조금씩 시청하는 것이 가능하다고 발표했다. 전반적으로 영상 시간에 제한을 두고 부모가 함께 시청할 것을 권고하고 있는 것이다. 영어 동요 노출을 시작으로 함께 영상 보기 단계부터 영상 독립까지 점진적으로 나아가는 것이다. 게다가 1단계에서 추천하는 영상은 대부분 10분 전후, 길어도 30분 이내이다. 영상 시청이 아이의 발달을 지연시키지는 않을까 걱정할 필요는 전혀 없다. 만약 영상 시청을 진행하며 의문이 든다면 영국 왕립 소아과전문의협회에서 제시한 질문을 수시로 활용하는 것도 좋다. 가정에서 영상 시청 시간을 점검할 수 있는 몇 가지 질문을 제시하고 있는데, 이 질문에 만족스러운 답을 할 수 있다면 영상 보기에 잘 대처하는 것으로 볼 수 있다.

- 가정의 영상 시청 시간이 잘 통제되고 있습니까?
- 영상 시청이 가족이 하려는 일에 방해가 됩니까?
- 영상 시청이 수면을 방해합니까?
- 영상을 보면서 군것질하는 것을 자제할 수 있습니까?

뒤에서 자세히 설명하겠지만 영상 시청에서 중요한 것은 아이와 함께 올바른 규칙을 정하고 그 규칙을 지켜 나가는 것이다. 그럼 얼마든지 영상으로 양질의 영어 인풋을 쌓을 수 있게 된다. 무조건 영상을 피할 필요는 없다. 좋은 영상을 잘 골라서 올바른 방법으로 볼 수 있도록 이끌어 주면 된다. 잘 활용만 한다면 영어 영상만큼 자연스럽게 영어를 습득할 수 있는 교재는 없을 것이다.

특히 영상 노출을 너무 늦지 않게 시작하는 것이 오히려 좋다. 영어책 읽기도 마찬가지다. 영어를 처음 접할 때는 수준에 맞게 쉬운 내용부터 접해야 하는데 아이가 어느 정도 성숙해지면 다소 유치하다고 느낄 수 있기 때문이다. 특히 영어 영상은 자극적이지 않은 것부터 단계적으로 시청하는 것이 좋다. 훨씬 더 양질의 영상을 많이 접할 수 있기 때문이다. 아직 한국어 영상에 노출되지 않았다면 영어 영상을 노출하기에 최적의 조건이라고 할 수 있다. 영상 노출은 언젠가는 해야 하는 것이므로 어쩔 수 없이 노출하는 것보다 계획적으로 올바른 습관을 들이며 시작하는 것이 좋다.

부모는 아이에게 영어 습득 환경을 만들어 주기 위해 노력하고 있지만 모국어가 영어가 아닌 이상 한계가 있다. 영어 영상은 그 한계를 극복하고 아이가 영어를 습득할 수 있는 최적의 환경을 만들어 줄 수 있다. 거기다 책 읽기와 함께라면 그 시너지 효과는 엄청나다. 영상 보기가 양날의 검이라면 이제 현명하게 활용하는 방법을 하나씩 배우면 된다. 아이가 영어 습득의 최적기를 놓치지 않고 영상으로 충분히 인풋을 쌓을 수 있도록 해주자.

기본은 항상 책 읽기

영상 노출만큼 말문을 틔우는 데 효과적인 것은 아마 없을 것이다. 하지만 영상 보기를 하더라도 책 읽기가 항상 뒷받침이 되어야 한다. 영상과 책 읽기를 함께 시작하든 영상 보기부터 먼저 시작하든 책 읽기가 반드시 필요해지는 순간이 오게 마련이다. 모국어를 배우는 것도 마찬가지이다. 엄마의 상호작용이나 영상으로 많은 인풋을 쌓을 수 있지만 일정 수준이 되면 문자로 그 내용을 탄탄히 다져야 할 시기가 온다. 영어 영상 보기와 책 읽기를 병행해야 아이의 영어 습득이 더욱 폭발적으로 일어날 수 있다.

영상과 책은 각기 다른 특징을 가지고 있다. 영상은 그림책보다 더욱 자세한 배경을 통해 영어를 구체적으로 전달한다. 아이는 영상을 통해 주위의 다양한 일상 세계를 포착할 수 있다. 친구를 만나거나 마트에서 일어나는 일을 영상 속에서 경험하게 된다. 그 속에서 상황에 맞는 자연스러운 언어 습득이 이루어질 수 있다. 그래서 영상은 일상에서의 필요한 아웃풋을 이끌어 내는 데 매우 효과적인 방법이다. 사실 영상만으로도 일상회화에 필요한 기본적인 인풋은 충분히 쌓을 수 있다. 실제로 그런 사례도 여럿 확인할 수 있다.

다만 영상으로는 수준 높은 어휘를 쌓아가는 데 다소 한계가 있을 수 있다. 일상의 구어 표현을 중심으로 하기 때문에 사용하는 표현이 한정적이기 때문이다. 앞서 소개한 연구를 통해 TV에서 사용되는 어휘의 95%는 일상에서 자주 사용하는 어휘 범주 안에 포함된다고 언급했다. 책을 통해서는 좀 더 다양한 어휘와 표현을 접할 수 있다. 물론 영상 보기 독립 후에는 다양한 주제의 수준 높은 영상을 통해 고급 어휘나 표현을 익힐 수 있을 것이다. 하지만 그 전까지는 책으로 영어 인풋을 보완할 필요가 있다. 무엇보다 두 매체는 특성이 다르기 때문에 전달할 수 있는 정보의 종류도 다르게 마련이다.

특히 책은 영상보다 훨씬 추상적인 개념을 잘 나타낼 수 있다. 텍스트는 사랑이나 불안, 평등, 자유와 같은 추상적인 개념을 잘 다룰 수 있기 때문이다. 하지만 이런 것을 영상에서 깊게 다루어 내기에는 쉽지 않다. 우리가 영상을 선택할 때 양질의 영상을 고르기 위해 신경 써야 하는 이유 중 하나이기도 하다. 책은 어떤 내용을 논리적으로 연결해서 풀어나가기 쉽지만 영상에서는 쉽지 않기 때문이다. 아이들은 책을 통해 다양한 개념을 더욱 잘 이해하고 사고할 수 있다. 특히 영어 수준이 올라갈수록 책을 통해 논리적으로 깊게 사고하는 연습이 필요하다.

   영상 보기를 진행하면서 영어책 읽기를 함께 하는 것이 반드시 따라와야 한다. 책과 영상이 서로를 보완 관계에 있기 때문에 두 매체를 적절히 활용해서 인풋을 쌓는 것이 이상적이다. 흔히 영상에 너무 푹 빠져서 책 읽기를 못한다고 걱정하는 부모가 있는데 올바른 습관으로 얼마든지 바로잡을 수 있는 문제다. 무엇보다 책 읽기를 안 하는 것은 영상 때문이 아니라 책 읽기 자체에 흥미를 못 느끼기 때문일 가능성이 크다는 것을 알아 두었으면 한다. 책 읽기를 안 하던 아이가 영상을 안 본다고 갑자기 책을 읽기를 시작하는 것은 아닐 것이다. 영상 보기와 책 읽기 모두 꾸준한 실천을 통해 올바른 습관을 들일 수 있도록 해야 한다. 그래야 가장 이상적이고 효과적인 방법으로 영어 인풋을 쌓을 수 있게 된다.

영어 동요를 들으면서 영어 소리에 익숙해져야 한다

영어를 모국어와 같이 습득하기 위해서는 듣기가 중요하다. 영상 보기 역시 듣기로 인풋을 쌓는 효과적인 방법 중 하나이다. 영상을 보기 전에 혹은 영상 보기 기본 단계에서 함께 하면 좋은 것은 바로 영어 동요 듣기이다. 특히 영어 전래동요를 마더구스(Mother Goose) 또는 너서리 라임(Nursery Rhymes)이라고 하는데 이 노래는 모두 쉽고 재미있게 따라 부를 수 있어서 영어를 처음 시작하는 아이에게 들려 주기 좋다. 무엇보다 오랫동안 사랑받은 노래이기 때문에 활용할 수 있는 콘텐츠가 많이 나와 있는 것도 큰 장점이다.

마더구스는 영미권에서 전래동요와 동화를 지은 사람으로 유명한 가상의 캐릭터이다. 큰 모자를 쓰고 거위 위에 앉아 있는 할머니 모습으로 묘사되기도 한다. 지금은 전래동요를 뜻하는 너서리 라임과 같은 의미로 사용되고 있다. 마더구스나 너서리 라임 모두 영미권의 전래동요를 뜻한다고 생각하면 된다. 마더구스의 가장 큰 특징 중 하나가 바로 서정적인 운율을 담고 있다는 것인데 음악 없이 읽기 힘들 만큼 리듬감이 잘 드러나 있다. 마더구스를 어릴 때부터 접하게 해주면 아이는 아주 쉽고 재미있게 노래를 따라 부를 수 있다. 그 속에서 영어 단어나 표현도 익힐 수 있게 된다.

아이가 어려서 무슨 말인지 이해하지 못해도 괜찮다. 영어의 소리에 익숙해지는 것만으로도 충분하다. 마더구스로 태교를 하는 엄마가 있을 정도이니 말이다. 아이가 태어났을 때부터 마더구스를 들려주고 불러주는 것만으로도 아이는 영어에 익숙해질 수 있고, 그 라임에 맞춰 노래를 부르며 율동을 하기도 한다. 어린아이일수록 몸으로 움직이는 활동을 좋아하기 때문에 영어를 습득하기에는 아주 효과적이다. 간단한 말하기 아웃풋을 이끌어 내는 데도 아주 좋다.

신체 활동으로 언어를 배우는 것을 교육학에서는 '전신 반응 교수법(Total Physical Response; TPR)'이라고 한다. 미국의 언어학자이자 심리학자인 제임스 애셔(James Asher)가 창안한 것으로 신체 활동과 언어를 결합해서 가르치면 학생들이 더 오래 기억한다는 사실을 응용한 것이다. 전신 반응 교수법은 나이가 어린 초급 학습자가 재미있게 언어를 배울 수 있다는 점에서 매우 효과적이다.

나는 아이가 돌이 되기 전부터 마더구스를 많이 불러주고 들려주었다. 아직 어린 월령이었기 때문에 영상은 노출하지 않고 노래를 불러주며 율동을 해주었다. 예를 들어 'If you're happy and you know it'을 부를 때는 'Clap your hands' 부분에서 손뼉을 같이 치며 노래를 불렀고, 'Teddy Bear Teddy Bear'를 부를 때는 가사에 맞추어 점프를 하거나 손을 뻗기도 했다. 시간이 지나자 아이도 엄마가 하는 행동을 유심히 보더니 리듬에 맞춰 율동을 하기 시작했다. 울다가도 좋아하는 노래를 불러주면 뚝 그칠 만큼 좋아했으니 말이다.

노래에 맞는 율동을 어떻게 해야 할지 잘 모르겠다면 유튜브에서 도움을 얻을 수도 있다. 유튜브 'Mother Goose Club' 채널에서는 다양한 마더구스를 동작과 함께 보여주고 있어서 율동을 익히기 좋다. 아이가 너무 어리지 않다면 함께 보면서 따라해 봐도 된다. 영상 노출이 걱정되는 시기라면 노래만 들려주는 방법도 있으니 걱정하지 말자. 아이에 맞게 다양하게 활용할 수 있는 유용한 채널이 많다.

유튜브

[Mother Goose Club]
이 채널에서 웬만한 마더구스는 다 찾을 수 있다. 캐릭터 옷을 입은 실제 사람과 애니메이션이 합쳐진 영상을 보며 노래 가사에 맞는 율동을 재미있게 따라할 수 있다.

[Super Simple Songs - Kids Songs]
귀엽고 단순한 캐릭터가 주인공이다. 그중에서도 'Noodle & Pals' 캐릭터가 나오는 영상은 다른 캐릭터보다 단순하고 동작이 명확해서 따라 하기 좋다. 처음에는 조금 단순한 캐릭터로 시작하다가 적응되면 여러 가지 캐릭터를 보는 것을 추천한다.

[Bounce Patrol - Kids Songs]
프리스쿨 아이들을 즐겁게 교육하는 것을 목표로 호주에서 만든 채널이다. 재미있는 캐릭터로 분장한 실제 사람이 나와서 율동과 노래를 한다. 다소 과장된 표현이 아이들을 더욱 재미있게 해준다.

마더구스를 익히는 것은 단순히 영어 노래를 배우는 것 그 이상의 의미를 갖는다. 영미권 사람들은 어릴 때부터 마더구스를 들으며 자랐기 때문에 이들에게 마더구스는 아주 익숙한 문화 코드이다. 그래서 '잭(Jack)'을 들으면 '질(Jill)'을 떠올린다. 왜 'Humpty Dumpty'가 선거에서 떨어질 게 뻔한 후보를 의미하는 지도 알고 있다. 잠자리 동화로 유명한《Good Night Moon》에서는 액자 속 소가 달을 뛰어넘고 있는데 이건 마더구스 'Hey Diddle Diddle'을 모르면 이해하기 힘든 내용이기도 하다.

Jack and Jill

Jack and Jill Went up the hill to fetch a pail of water.
Jack fell down and broke his crown, and Jill came tumbling after.
잭과 질은 언덕에 물을 길러 갔어요.
잭이 넘어져서 왕관이 부러졌어요. 그리고 그 뒤를 따라 질도 굴러 떨어졌어요.

Humpty Dumpty

Humpty Dumpty sat on a wall, Humpty Dumpty had a great fall.
All the king's horses and all the king's men couldn't put Humpty together again.
험프티 덤프티가 담 위에 앉아 있었어요. 그리고 떨어졌지요. 왕의 말과 모든 군사들은 험프티 덤프티를 다시 붙이지 못했답니다.

> **Hey Diddle, diddle**
> ---
> Hey diddle, diddle!
> The cat and the fiddle.
> The cow jumped over the moon.
> The little dog laughed to see such sport.
> And the dish ran away with the spoon.
> 헤이, 디들, 디들!
> 고양이와 바이올린.
> 소가 달을 뛰어넘었어요.
> 강아지는 그 광경을 보고 웃었지요.
> 그리고 접시는 숟가락과 함께 달아났어요.

이처럼 마더구스는 아이가 즐겁게 영어를 접할 수 있을 뿐만 아니라 그 속에 담긴 문화를 익힐 수 있다는 점에서도 매우 유용하다. 이제 막 영어를 시작하는 어린아이는 마더구스를 통해 영어의 소리에 익숙해질 수 있다. 마더구스를 익힐 수 있는 유명한 유튜브 채널은 넷플릭스에서도 볼 수 있다. 대표적인 것이 'Mother Goose Club'과 'Cocomelon-Nursery Rhymes'이다. (제공되는 콘텐츠의 수는 유튜브와 차이가 있다.) 영상을 보거나 들으며 아이와 함께 즐겁게 따라해 보자. 어느 순간 아이가 마더구스를 부르는 모습을 볼 수 있을 것이다.

아이의 영상 보기는
부모의 가이드가 중요하다

영어 영상 보기는 부모의 단호함이 성공의 승패를 가를 만큼 중요하다. 특히 아이가 한국어 영상에 이미 노출되어 있다면 더욱 그렇다. 사실 아이들이 유아기에 접어들 때까지 영상 노출을 아예 안 시키는 것은 쉬운 일은 아니다. 집에서 TV를 안 본다고 해도 어린이집이나 친척집, 친구집에서 얼마든지 볼 수 있다. 부모도 매일 스마트폰을 사용하지 않나. 영어 영상 보기를 진행하기 위해서는 한국어 영상을 단호하게 끊고 정한 규칙을 지키려는 태도가 필요하다. 부모가 우왕좌왕하지 않고 일관된 모습을 보여야 아이도 받아들이고 따라온다.

한국어 영상은 NO!

영어 영상 보기를 진행할 때 가장 방해가 되는 것 중 하나는 한국어 영상을 보는 습관이다. 비교적 어린 나이에 영어 영상 보기를 시작할 것을 추천하는 이유도 한국어 영상을 접할 기회를 조금이나마 줄이기 위해서이다. 아직 아이에게 영상 노출 전이라면 한국어 영상은 그대로 쭉 노출하지 않는 것이 좋다. 만약 이미 한국어 영상을 노출했다면 단호하게 끊고 영어 영상으로 방향을 돌려야 한다. 영상 보기를 시작하면서 가장 힘든 작업이 될지도 모른다. 한국어 영상에 익숙해진 아이가 이해하기도 어려운 영어 영상을 거부하는 것은 당연한 일이다.

대부분의 부모가 영어 영상 보기를 시작도 하기 전에 주저하는 이유가 바로 한국어 영상을 끊는 게 힘들기 때문이다. 이미 유튜브나 TV로 한국어 영상에 푹 빠져 있는 아이에게 영어 영상을 보게 하려니 엄두가 안 난다. 그런데 일단 한국어 영상을 끊어야 한다. 그래야 영어 영상에 잘 적응할 수 있다. 필요하다면 보상도 제공하면서 어르고 달래서 어떻게든 영어 영상이 자리를 잡도록 밀어붙여야 한다. 대신 아이와 열심히 놀아주자. 그럼 조금이나마 수월하게 단념할 수 있을 것이다.

이 과정은 부모를 비롯한 가족 구성원 전원이 동참해야 한다. 습관처럼 TV를 켜두지 않아야 하는 것은 당연하다. 아이 앞에서 스마트폰으로 유튜브를 보는 모습도 보이지 않아야 한다. 사실 어른이 아이보다 훨씬 더 한국어 영상 보는 것에 익숙해져 있기 때문에 쉽지 않을 것이다. 정말 좋아하는 프로그램 딱 하나만 보는 것도 안 된다. 보고 싶은 프로그램이 있다면 아이가 잠든 후에 보도록 하자. 맞벌이 가정이라 할아버지, 할머니 등 다른 양육자의 도움을 받는 경우에도 마찬가지다. 죄송한 마음이 들겠지만 충분히 양해를 구하고 따라줄 수 있도록 해야 한다.

함께 규칙 만들기

영상 보기는 아이와 규칙을 정하고 그 규칙대로 진행하는 것이 중요하다. 언제 어떻게 볼 것인지를 구체적으로 함께 정하는 것이다. 영국 왕립 소아과전문의협회에서는 부모와 자녀가 함께 협의하여 연령에 맞는 영상 시청 시간을 정할 것을 권고한다. 가족 구성원 모두가 받아들일 수 있는 규칙을 정하는 것이 필요한데 아이가 규칙을 잘 지켰을 경우에는 칭찬해 주고 보상을 해주는 것도 좋다고 한다. 아이가 부모와 함께 정한 규칙을 지키고 그 속에서 즐거움을 느낄 수 있도록 이끄는 것이 무엇보다 중요하다.

규칙을 세우고 지키는 것은 영상 보기뿐만 아니라 모든 육아에 적용되어야 할 기본 원칙이다. 부모로서 아이가 자신이 세운 규칙을 잘 지킬 수 있도록 지도해야 한다. 때로는 아이에게 훈계나 설명을 하는 것보다 보고 따라할 수 있도록 하는 것이 더 효과적일 때가 있다. 부모가 먼저 모범을 보이면 아이도 훨씬 더 잘 따라 줄 것이다. 앞서 이야기한 것처럼 '한국어 영상 보지 않기'와 '매일 정한 시간만큼 영어 영상 보기', 이 두 가지를 잘 지키다 보면 더 이상 지키려고 노력하지 않아도 자연스럽게 습관으로 자리 잡을 것이다.

규칙을 정할 때는 아이의 연령과 생활 패턴, 성향 등을 다양하게 고려하는 것이 필요하다. 만 3세 전후부터 영상을 노출한다면 10분 이내의 짧은 동영상을 한두 편씩 보면서 차츰 시간을 늘려나가는 것이 좋다. 만 5세까지는 영상 시청 시간이 한 시간을 넘지 않도록 해야 한다. 책 읽기 습관도 잡아야 하고 다양한 발달이 필요한 시기인 만큼 과한 영상 노출은 삼가야 한다. 영어 영상 보기는 매일 꾸준히 해야 적응할 수 있으니 포기하지 말자. 동시에 영어 영상에 너무 빠지지 않도록 신경 쓰는 것도 필요하다.

한 가지 유념해야 할 것은 식사 시간이나 잠들기 직전에 영상을 보지 않도록 하는 것이다. 밥을 먹으면서 영상을 보게 되면 영상에 정신이 팔려서 무엇을 얼마나 먹는지 인식을 제대로 못하게 된다. 음식을 맛보고 씹는 즐거움을 전혀 모른 채로 식사를 하게 되는 것인데 심할 경우에 비만을 유발할 수도 있는 좋지 못한 습관이다. 잠들기 직전에 영상을 보는 것 역시 좋지 않다. 영상이 뇌를 각성시켜서 수면을 방해하기 때문이다. 잠자리에서는 영상을 보는 것보다 책을 읽는 것이 훨씬 더 도움이 된다. 아이의 일상에 영상 보기가 건강하게 자리 잡을 수 있도록 신경쓰자.

마지막으로 규칙을 정한 후에는 가족들과 시작의 의미로 작은 의식을 하는 것도 좋다. 나는 소아청소년정신과 전문의 오은영 박사가 나오는 육아 프로그램이나 책은 거의 다 챙겨 볼 정도로 좋아하는데 그중 한 프로그램에서 가족이 새로운 변화를 꾀할 때 항상 '함께' 모여서 '선언'하는 시간을 갖는 것을 보여준다. 일종의 약속하는 의식을 함께 치르는 것이다. 자신의 각오를 써서 붙이거나 계획표를 함께 만드는 것도 좋다. 사소한 것 같아 보이지만 아이는 이 시간을 기억하며 약속을 지키기 위해 더 노력하게 된다.

영상 보기에 효과적인 기기와 서비스

영상 보기는 다양한 기기와 콘텐츠를 활용할 수 있기 때문에 아이의 연령에 따라 적절히 선택하는 것이 좋다. 다만 스마트폰은 최대한 늦게 활용하는 것이 좋다. 아이가 쉽게 조작할 수도 있고 쉽게 터치가 되어서 영상의 흐름이 끊길 수 있기 때문이다. 최대한 방해받지 않고 영상에 집중할 수 있도록 하는 것이 좋다. 영상을 볼 때 활용할 수 있는 유용한 방법과 관련 서비스를 몇 가지 소개한다.

CD / DVD 플레이어

우선 아이가 아직 영상을 보기에는 어리다면 마더구스로 영어 노출을 꾀할 수 있다. 이때 유튜브를 활용해서 소리만 들려줘도 괜찮지만 CD를 활용하는 것도 좋다. 특히 아이가 3세 미만일 때는 뭔가를 많이 틀어주거나 보여줄 필요가 없다. 몇 가지를 반복해도 되기 때문에 CD나 DVD를 활용하는 것이 좋다. 다만 아이가 성장하면서 영상도 점점 많이 필요하게 되는데 그때는 DVD보다 유튜브나 넷플릭스를 활용하는 것이 시간적으로나 경제적으로도 훨씬 이득이다.

요즘은 CD와 DVD 겸용 플레이어가 많이 나와 있다. 평소에는 CD 플레이어로 활용하다가 TV에 연결하면 DVD 플레이어로 활용할 수 있다. 물론 이런 플레이어를 구매하지 않고 블루투스 스피커를 활용해서 휴대폰으로 음원을 들려주다가 유튜브로 넘어가도 된다.

DVD 플레이어는 휴대용도 있어서 꼭 TV에 연결하지 않고 보는 것도 가능하다. 차 안이나 여행지에서 유용하다. 휴대용 DVD 플레이어는 에듀플레이어와 인비오가 요즘 가장 유명한 제품이 아닐까 싶다. 스마트기기를 최대한 늦게 접하게 하려고 계획했다면 휴대용 DVD 플레이어도 유용하게 활용할 수 있을 것이다.

유튜브 키즈(YouTube Kids)

사실 유튜브 활용을 망설이는 이유 중 하나가 통제할 수 없는 많은 영상에 노출된다는 점과 광고 때문이다. 그때 유용하게 활용할 수 있는 것이 바로 '유튜브 키즈' 앱이다. 유튜브 키즈는 유튜브와는 다른 것으로 따로 앱을 설치해야 한다. 유튜브 키즈의 가장 큰 장점은 광고가 없어서 흐름이 끊기지 않는다는 점이다. 그리고 또 하나 아주 중요한 기능은 부모가 아이가 볼 수 있는 영상을 설정할 수 있는 것이다. 또한 특정 영상과 채널을 차단할 수도 있다.

기본적으로 아이의 연령에 따라 볼 수 있는 콘텐츠 범위를 유아 및 미취학 아동(만 4세 이하), 저학년 아동(만 5~7세), 고학년 아동(만 8~12세)으로 설정할 수 있다. 아이가 검색 기능을 사용하게 할 것인지도 결정할 수 있는데, 이때 영상의 범위를 좀 더 한정할 수 있다. 바로 설정 메뉴에서 '콘텐츠 직접 승인'을 선택해서 아이가 볼 영상이나 채널을 부모가 직접 설정하는 것이다. 자물쇠 모양을 클릭해서 보호자 전용 메뉴로 들어가면 설정할 수 있다. 여기에는 '타이머' 기능도 있어서 아이가 영상을 볼 수 있는 시간도 설정할 수 있다.

다만 유튜브 키즈는 유튜브와 영상의 개수에서 조금 차이가 있다. 아무래도 키즈에는 광고가 없다 보니 개인이 운영하는 채널은 검색이 안 되는 경우가 있다. 같은 채널이라 하더라도 영상의 수에서 차이가 나는 경우도 있다. 하지만 아직 어린아이가 보기에는 충분할 정도의 영상이 있으니 부모가 적절히 통제하며 영상을 노출시키기에

는 유용한 앱이다.

유튜브 프리미엄(YouTube Premium)

좀 더 다양한 영상을 보거나 광고에도 노출되지 않으려면 '유튜브 프리미엄'을 활용하는 것도 좋다. 유튜브 프리미엄은 월정액을 내고 유료 회원으로 가입하는 것이다. 광고 없이 영상을 볼 수 있고 기기에 영상을 다운로드 할 수 있다는 점이 큰 장점이다. 특히 영상을 미리 다운로드 한 후 네트워크 연결 없이도 볼 수 있기 때문에 아이들이 볼 영상을 통제할 수 있다. 꼭 프리미엄 회원이 아니더라도 유튜브를 활용할 때 재생 목록을 만들어서 아이가 볼 영상을 미리 담아두는 것이 좋다. 아이와 함께 그 자리에서 검색을 할 경우 불필요한 영상에 노출되어 오히려 아이가 그런 영상에 관심을 더 갖게 될 수도 있기 때문이다. 유튜브 프리미엄은 현재 1개월 무료 체험을 제공하고 있다. 먼저 무료 체험을 해본 후에 가입을 결정할 수 있다.

스마트 TV

요즘은 가정에서 스마트 TV를 많이 쓴다. 유튜브로 아이들에게 영상을 보여줄 때 스마트폰보다는 스마트 TV를 활용하는 것을 추천한다. 상황이 안 된다면 태블릿 PC도 괜찮다. 스마트폰으로 영상을 보는 것은 아이의 시력에도 좋지 않지만 무엇보다 스마트폰 자체에 대한 호기심을 키울 수 있기 때문이다. 괜한 호기심을 키워 실랑이할 필요는 없다. TV와 스마트폰이 같은 네트워크를 사용하고 있다면 '미러링(화면 공유)' 서비스를 활용해서 폰 영상을 TV로도 볼 수 있다. TV마다 '스마트뷰', '탭뷰', '스크린셰어' 등의 메뉴로 표시되어 있을 것이다. 만약 미러링이 되지 않는 모델이라면 미러링 케이블을 사서 간단하게 연결할 수도 있다.

스마트 TV에 직접 앱을 설치해서 보는 방법도 있다. 구매할 때 이미 유튜브나 넷플릭스 같은 앱이 설치되어 있는 스마트 TV도 많을 것이다. 유튜브 키즈 앱은 기본적으로는 설치가 안 되어 있지만 최신 제품에는 거의 지원이 가능하다. 삼성전자 제품은 2013년 이후 모델부터, LG는 2015년 이후 모델부터 유튜브 키즈 앱을 설치할 수 있다. 스마트 TV에 직접 앱을 다운로드 받아서 본다면 스마트폰이나 태블릿을 연결하지 않아도 되니 편리하다.

넷플릭스

요즘은 넷플릭스에도 아동용 콘텐츠가 많이 제공된다. 유튜브에 비해서는 아직 많이 부족하지만 부모가 이미 넷플릭스를 이용하고 있다면 활용하는 것도 좋다. 'Max & Ruby'나 'Peppa Pig'처럼 초기 단계에서 볼만한 영상도 있고 'Mother Goose Club'처럼 유튜브의 인기 채널도 있다. 다만 시즌이 다 있지 않은 경우도 있고 몇 편만 올라와 있는 경우도 있다. 아직 초기 단계보다는 3단계 이후에 활용할 만

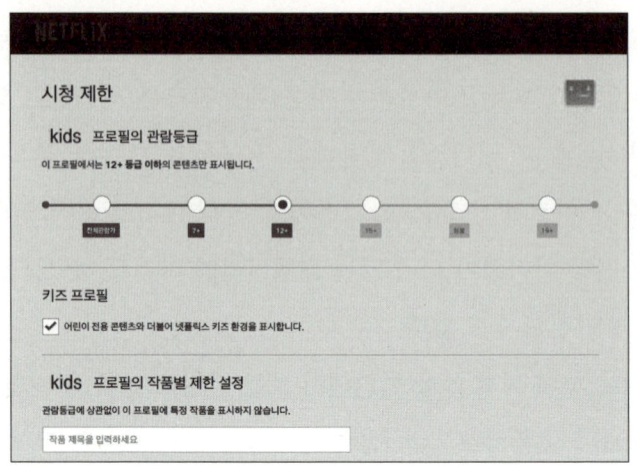

한 영상이 더 많이 있다. 현재 30일 무료 체험을 제공하고 있으니 무료 체험 후에 가입을 결정할 수 있다.

   넷플릭스에서도 키즈 설정이 가능하다. '계정' 메뉴에서 '프로필 & 자녀 보호 설정'에 들어가면 '시청 제한'을 설정할 수 있다. 영상 관람 등급을 선택할 수 있고 '키즈 프로필'을 선택하여 아이에게 적합한 구성으로 바꿀 수도 있다. 아이가 보기를 원치 않는 영상을 미리 등록해서 더 이상 보이지 않도록 할 수도 있다. 또 한 가지 팁은 '자동 재생 설정'을 해제하는 것이다. 넷플릭스는 자동으로 다음 화가 재생되기 때문에 자동 재생은 미리 해제해 두는 것이 좋다. 언어도 영어로 설정해 두면 메뉴나 영상의 기본 언어를 모두 영어로 볼 수 있다.

쥬니어네이버

네이버에서 어린이를 위해 만든 앱도 있다. 동요, 동화, TV 동영상 등 아이가 즐길 수 있는 콘텐츠가 많이 있다. 영어 인풋을 쌓기 위해서는 'TV 동영상'에 있는 영어 영상을 활용할 수 있다. 다양한 캐릭터의 영상을 제공하고 있는데 아이들이 좋아하는 '바다탐험대 옥토넛(Octonauts)'이나 '찰리앤롤라(Charlie and Lola)' 등도 볼 수 있다. 특히 'BBC 특별관'은 BBC에서 만든 어린이 콘텐츠를 제공하고 있어서 영어 영상 보기에서 유용하게 활용할 수 있다.

쥬니어네이버에서도 좀 더 아이가 안전하게 영상을 보기 위한 설정을 할 수 있다. 아이의 연령을 입력해서 아이에게 적합한 영상을 볼 수 있도록 설정할 수 있고, 영상 이용 시간이나 시청 편수를 설정해서 아이가 약속한 만큼만 영상을 볼 수 있도록 할 수 있다. 또 캐릭터 잠금을 설정해서 아이에게 보여주고 싶지 않은 캐릭터는 미리 차단할 수도 있다. 이 밖에 영상을 소리로만 감상할 수 있는 메뉴가 따로 있어 편하게 소리만 들을 수도 있다.

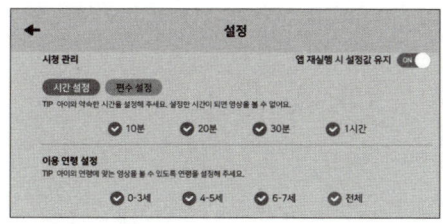
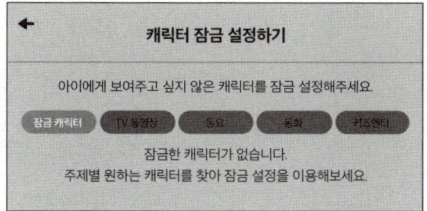

아이가 재미있어 하는 영상이 최고다

언어 학습에서 쉽고 재미있는 것을 고르는 것은 원칙이자 진리이다. 영어 인풋을 쌓기 위해 영상을 보는 활동은 하루 이틀에 그치는 게 아니라 최소 몇 년 동안 꾸준히 지속해야 하는 과정이다. 영상 보기를 지속할 수 있는 힘은 아이가 진정으로 즐길 때 생긴다. 그러기 위해서는 아이에게 쉽고 재미있는 영상을 찾아주는 것이 무엇보다 중요하다. 부담 없이 즐기면서 영상을 꾸준히 보아야 영어 인풋이 몸에 자연스럽게 쌓일 수 있다.

나 역시 어릴 때부터 영어 공부를 시작했지만 진정한 영어 공부의 시작은 대학생 때 미드 '프렌즈(Friends)'를 보면서부터였다. 처음 미드를 볼 때는 유머 코드도 이해가 안 되어서 조금 지루했는데 계속 보다 보니 너무 재미있어서 끝까지 보고 아쉬워서 또다시 보기를 반복했다. 이때 다른 미드나 영어 프로그램도 보기 시작했는데 그 덕에 따로 공부하지 않았는데도 토익 시험에서 고득점을 얻었다. 특히 듣기는 만점 가까이 받을 수 있었다. 재미있게 보고 즐기다 보니 자연스럽게 영어 습득이 된 것이다. 영상의 효과가 성인에게도 이 정도인데 '언어습득 장치'가 왕성히 활동 중인 아이에게는 어떻겠나.

아이가 좋아하는 영상을 찾기 위한 노력을 아끼지 말자. 아이가 좋아하는 주제나 캐릭터를 살펴보는 것도 좋다. 아이와 함께 영상을 보며 어떤 것이 재미있을지 이야기를 나누는 것도 좋다. 계속 시도하다 보면 아이가 좋아하는 대박 영상을 찾을 수 있을 것이다. 그럼 영상 보기가 한결 수월해진다.

아이가 좋아하는 영상을 발견하기 위해서는 평소에 아이의 취향에 관심을 기울여야 한다. 요즘 어떤 캐릭터나 주제에 꽂혀 있는지, 어떤 책을 즐겨 읽는지 등을 살펴보는 것이다. 좋아하는 책과 연계된 영상을 보여주는 것도 아이의 흥미를 끌 수 있는 효과적인 방법 중 하나이다. 반대로 좋아하는 영상을 책으로 보여주는 것도 책 읽기에 도움이 된다. 또 하나는 아이의 일상과 관련이 있는 영상을 찾아서 보여주는 것이다. 지금 유치원에 다닌다면 유치원 생활을 담은 영상을 보여줄 수 있고 얼마 전에 여행을 다녀왔다면 여행 에피소드가 나오는 영상을 보여주어도 좋다. 다양한 영상을 찾으면서 아이의 눈이 반짝이는 순간을 포착해 보자.

영상을 선택할 때는 아이가 참여할 수 있도록 하는 것도 필요하다. 자율성이 동기부여에 얼마나 중요한지 책 읽기 파트에서도 이야기했다. 아이는 자신이 직접 선택한 것에 좀 더 책임감을 갖는다. 앞서 소개한 유튜브나 넷플릭스 등 어떤 것을 활용하든 아이가 선택할 수 있는 범위는 조금 넓게 설정하는 것이 좋다. 안전한 울타리를 먼저 만들어 주고 그 속에서 자유롭게 볼 수 있도록 하는 것이다. 아이가 새로운 것을 탐색하는 재미를 느낄 수 있도록 하는 것이 중요하다.

영어 영상을 선택하는 원칙은 기본적으로 영어책을 고르는 것과 동일하다. 다만 아이의 연령과 영어 수준에 따라 영상의 종류를 좀 더 세심하게 고를 필요는 있다. 영상의 질도 고려하면서 자극적이지 않은 잔잔한 영상으로 시작하는 것이 기본이다. 흔히 영어 영상 보기라고 하면 디즈니 영화부터 떠올리기 쉬운데 디즈니는 생각보다 어렵고 영상도 현란해서 아이의 연령과 실력이 일정 수준 도달한 뒤 보는 것이 좋다. 그동안 관심이 없어서 몰랐을 뿐이지 아이들이 볼 수 있는 재미있고 유익한 영상이 많다.

아이가 문자를 익힌 후에 영상 보기를 시작했다면 자막을 켜도 되는지 궁금해하는 부모가 많은데 자막은 영어든 한국어든 모두 없이 보는 것을 추천한다. 아이에게 영어 습득 환경을 제공하려고 노력 중인 것을 잊지 말자. 모국어를 습득하는 것과 최대한 비슷하게 영어 인풋을 쌓을 수 있도록 해야 한다. 그러기 위해서는 항상 '듣기'가 기본이 되어야 한다. 자막을 켜두면 아이의 신경이 자막으로 쏠려서 귀가 제대로 열릴 수 없다. 영상을 보면서 먼저 귀가 트일 수 있도록 하자. 자막을 보는 것은 영상 보기 독립 후에 필요에 따라 아이가 선택할 수 있도록 하면 된다.

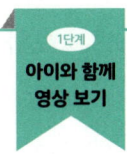

부모는 아이와 함께
영상을 봐야 한다

아이에게 영어 영상 노출을 시작하는 단계에서는 부모가 꼭 영상을 함께 보는 것이 좋다. 영상 보기를 시작하면서 영상으로 인한 부정적인 영향을 걱정하지 않을 수 없는데 함께 보기를 통해 영상 노출로 인한 부작용을 막고 더욱 바른 영상 보기 습관을 잡아줄 수 있다. 특히 아이들은 영상에 쉽게 몰입할 수 있지만 그만큼 수동적인 자세를 가질 수 있다. 이때 부모와 소통하며 보는 것이 보다 능동적으로 사고하며 볼 수 있도록 돕기 때문에 내용을 더 잘 이해할 수 있게 된다. 꼭 초기 단계가 아니더라도 아이가 영상을 볼 때 부모가 옆에 있어주는 것이 좋다. 가능하면 영상 독립 단계까지 함께 보기를 해줘야 한다.

영상 노출을 처음 시작하는 아이들은 대부분 영상을 좋아한다. 이때 엄마는 아이가 영상에 몰입하는 모습에 뿌듯함을 느끼기도 하는데 사실 아직은 아이가 영어 영상을 즐긴다고 하기는 어렵다. 영상 자체에 빠져 있는 경우가 많기 때문이다. 영상은 그냥 보는 것만으로도 사람들의 관심을 끌기도 한다. 엄마는 아이가 영상에 무의미하게 빠지지 않도록 잘 잡아줄 필요가 있다. 함께 웃고 소통하면서 보는 것이 아이가 영상을 보면서 깨어 있게 만들어 준다.

함께 영상 보기의 효과에 대해서 가장 많이 회자되는 것은 아마 '세서미 스트리트(Sesame Street)'에 대한 연구일 것이다. 세서미 스트리트는 전 세계적으로 인기를 얻은 미국의 최장수 어린이 프로그램이다. 원래 이 프로그램은 저소득층 아이들에게 교육 기회를 주기 위해 만들어졌다고 한다. 그러다 모든 계층의 아이들에게 사랑받는 유명한 프로그램이 되었다. 나중에 세서미 스트리트의 교육 효과를 알아보는 연구가 진행되었는데, 저소득층 아이들보다 중산층 아이들에게 더 큰 효과가 있었던 것으로 나타났다. 여기에는 중산층 가정에서는 아이와 소통하면서 함께 영상을 보았지만 저소득층에서는 아이가 혼자 영상을 보도록 내버려 둔 것이 가장 큰 원인으로 작용했다고 한다.

사실 그동안 엄마가 아이에게 한국어 영상을 보여준 이유는 좀 쉬고 싶어서인 경우가 많았을 것이다. 집에서든 식당에서든 아이가 영상을 보는 동안 부모는 잠시 휴식을 취하거나 할일을 할 수 있기 때문이다. 그런데 그렇게 아이들을 방치하며 영상을 보게 하는 것은 장기적으로 안 좋은 습관을 만들 수 있다. 절제를 배우지 못하고 무분

별하게 영상을 볼 수 있기 때문이다. 이미 한국어 영상에 노출되어 있는 상태라면 이제부터라도 절제해서 보는 습관을 잡도록 해야 한다. 영어 영상 보기를 이제 시작하는 아이라면 처음부터 바른 습관을 들일 수 있도록 하자.

부모가 아이와 함께 영상을 본다고 해서 꼭 내용을 다 이해하고 있어야 하는 것은 아니다. 관심 있는 '척'이라도 좋다. 아이가 영상을 볼 때 옆에 함께 있어 주면서 이야기를 나누면 된다. 아이가 웃을 때 함께 웃으면서 말이다. 오후에 아이와 함께 간식을 먹으면서 영상을 봐도 좋고, 저녁에 가족이 다함께 모여 앉아 영상을 보는 것도 좋다. 그렇게 부모와 함께 웃으며 영상을 본 시간은 아이에게 정말 즐거운 시간으로 기억된다. 그러면 자연스럽게 그 시간을 좋아하게 되고 영어 영상에 더 빨리 적응할 수 있게 될 것이다.

자극적이지 않은 영상부터 시작하자

아이를 위한 영상이나 책을 고를 때 항상 아이의 취향과 영어 수준을 고려해야 한다고 이야기했다. 영상을 선택할 때 또 한 가지 중요하게 따져봐야 할 것은 영상의 자극성이다. 영상을 이제 막 보기 시작할 때는 자극적이지 않고 잔잔한 영상부터 보는 것이 정말 중요하다. 아이가 처음부터 강한 자극에 익숙해지면 상대적으로 밋밋한 영상이나 책은 지루해 할 수 있기 때문이다. 그렇게 되면 볼 수 있는 영상의 범위도 줄어든다. 특히 아이의 영어 수준이 낮을수록 말이 '느린' 영상을 보는 것이 영어 인풋을 쌓는 데 더 도움이 된다. 현란하고 자극적인 영상은 재미는 있을지 몰라도 말이 빠른 편이기 때문에 영어 습득 효과가 떨어질 수 있다.

시작은 아주 잔잔하면서 천천히 쉽게 이야기하는 영상을 보는 것이 좋다. 영어 실력이 향상되면서 볼 수 있는 영상의 수준도 자연스럽게 올라갈 것이다. 영상을 제작할 때 의도한 시청 대상의 연령 역시 올라가기 때문에 단계적으로 영상에 노출될 수 있다. 음식을 먹을 때도 자극적이지 않은 것부터 먼저 먹어야 다음 음식의 맛을 느낄 수 있지 않은가. 아이가 차근차근 순서대로 영상의 즐거움을 느낄 수 있도록 도와주자. 무엇보다 아이의 연령이 어릴수록 영상에서 받는 자극이 청소년이나 성인보다 몇십 배는 더 크다고 하니 주의해야 한다.

VOOK

자극적이지 않은 영상으로 가장 추천하는 것은 바로 '그림책 영상'이다. 그림책의 각 페이지를 연결해서 영상으로 만든 것인데 E-Book보다 더 비디오의 성격이 강하다. 이걸 'Video'와 'Book'을 합쳐서 'Vook'이라는 신조어로 부르기도 한다. 영어 영상 보기를 시작하는 만 3세 전후의 아이라면 Vook으로 시작할 것을 추천한다. 온라인에서는 아이들이 좋아하는 그림책을 Vook으로 만들어 놓은 것을 쉽게 구할 수 있다. 유튜브에서도 찾아볼 수 있다. 다음 장에서 좀 더 구체적으로 설명하겠지만 Vook을 전문적으로 제공하는 사이트도 있다.

Vook은 기본적으로 잔잔하기도 하고 아이의 수준에 맞게만 고른다면 영어 습득에 매우 효과적이다. 평소에 즐겨보던 그림책을 영상으로 보게 되니 아이들은 눈을 반짝이며 집중할 것이다. 특히 Vook은 그림책 읽기와도 연계해서 활용할 수 있는데 영어에 거부감이 있는 아이라도 평소에 자기가 읽은 한글책을 영상으로 만든 것은 재미있게 보게 된다. 무엇보다 아이의 정서 발달에 도움을 줄 수 있다. 사실 일반 애니메이션은 아무리 유아용이라도 재미를 중심으로 만들었기 때문에 그림책과 같은 정서 발달을 기대하기 어렵다. 하지만 Vook은 그림책과 영상의 효과를 모두 노릴 수 있다는 장점이 있다.

Vook은 다양한 수준의 그림책으로 만들어졌기 때문에 아이의 영어 실력이 향상되어도 계속해서 활용할 수 있다. 기본적으로는 영어 영상 보기를 시작하는 단계에서 활용하기 좋고, 아이의 영어가 상당한 수준에 올라갔을 때도 자유롭게 그림책을 보듯이 볼 수 있다. 다만 영어를 이제 시작하는 초등학교 입학 시기의 아이들이 보기에는 다소 지루할 수 있다. 특히 이미 한국어 영상에 노출되어 있는 아이들에게 Vook은 매우 따분한 영상이 될 수 있다.

이때는 Vook보다 다른 쉬운 난이도의 영상을 활용하는 것이 더 나을 수 있다. 그 속에서 아이가 좋아하는 주제의 영상을 찾아보는 것이다. 몸으로 따라할 수 있는 마더구스 영상이나 유튜브의 '슈퍼 심플송(Super Simple Songs)' 채널 등을 활용한다면 영어가 재미있다는 인식을 심어줄 수 있다. 동시에 책 읽기로 아이의 영어 수준을 올리면서 영상을 시도해야 한다. 영상을 한두 편 보여주고 아이가 재미없어

한다고 포기하지 말자. 찾다 보면 분명히 아이가 좋아하는 영상이 있다. 조금 지루해 하더라도 아이가 끝까지 영상을 다 보았다면 칭찬을 해주는 것도 잊지 말아야 한다. 최소 한두 달은 영어 영상에 적응하기 위해 애써야 한다.

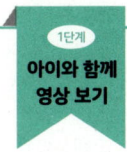

영어 영상 사이트에서 영상 찾기

　영상 보기 1단계에서는 그림책을 영상으로 만든 Vook이나 잔잔하고 쉬운 애니메이션을 보는 게 좋다. 자극적이지 않은 것부터 시작해야 좀 더 재미를 느끼면서 다양한 영상으로 범위를 넓혀 나갈 수 있기 때문이다. 1단계에서는 아직 아이의 연령이나 영어 수준이 낮은 시기이기 때문에 DVD를 활용하는 것도 좋다. 영상을 반복적으로 볼 수 있고 올바른 영상 습관을 잡는 데에도 도움이 된다. 아래는 DVD부터 유튜브, 넷플릭스, 쥬니어네이버 등을 활용해서 볼 수 있는 1단계 영상들이다.

Vook

그림책 영상을 보는 방법은 다양하다. 유튜브에서 아이에게 보여주고 싶은 책을 검색해도 되며('책이름+Read Aloud'로 검색하면 된다.) 그림책 애니메이션을 제공하는 사이트를 활용할 수도 있다. 유튜브에서 책 이름을 검색하면 상당히 많은 영상이 나오는데 영상의 질이나 음원의 속도 등을 미리 잘 확인해야 할 필요가 있다. 유튜브에는 스토리텔러(책을 읽어주는 사람)가 그림책을 읽어주는 채널도 많이 있다. 전문 스토리텔러나 유명인이 나와서 아주 맛깔나게 책을 읽어준다. 다만 이 영상들은 그림책만 보여주는 것이 아니라 책을 읽어주는 사람도 번갈아 가면서 보여주고 있어서 그림책만 보여주고 싶다면 다른 채널이나 DVD, Vook 전문 프로그램 등을 활용하는 것을 추천한다.

DVD	**Scholastic Storybook Treasures** 세계적으로 유명한 그림책을 DVD로 만들었다. 칼데콧 수상작, 뉴베리 수상작 등을 포함하고 있다. 잔잔하고 교육적이지만 여러 그림책을 포함하고 있다 보니 난이도가 다양하다. 아이가 자신의 수준에 맞춰 볼 수 있다.
유튜브	**Illuminated Films** 에릭 칼의 유명한 그림책 몇 편을 환상적인 애니메이션으로 보여준다. 원래 얼리 챕터북으로 유명한 《Little Princess》를 애니메이션 형식으로 읽어주는 영상으로 더 유명한 채널이다. 나중에 아이가 《Little Princess》를 좋아하게 된다면 더 유용하게 활용할 수 있다.

유튜브	**Brightly Storytime**	
	스토리텔러 린다(Linda)가 재미있게 그림책을 읽어주는 채널이다. 매주 하나씩 새로운 영상이 올라온다. 비교적 세세하게 재생 목록이 나눠져 있어서 아이의 연령과 수준에 맞게 활용하기 좋다.	
	Storyline Online	
	전 세계적으로 유명한 배우들이 스토리텔러가 되어 실감나게 책을 읽어준다.	
유료 프로그램	**VOOKS**	
	유명 그림책을 애니메이션화한 영상을 볼 수 있는 곳으로 영상의 질이 좋고 아름다운 그림이 많다. 아직 책이 많은 편은 아니지만 계속 올라오고 있는 중이다. 한 달 무료 체험을 통해서 미리 사용해 볼 수도 있다. 전 세계의 교사들에게는 1년 동안 무료로 제공된다고 한다.	

한 가지 유념해야 할 것은 Vook은 영상화한 그림책의 수준에 따라 난이도도 달라진다는 것이다. 대부분 원어민 아이들을 대상으로 하고 있기 때문에 마냥 쉬운 것만 있는 것은 아니다. 아이의 영어 수준을 고려하여 영상을 잘 선택해야 한다. 위에서 소개한 영상은 1단계뿐만 아니라 영어 습득 전 단계에서 활용할 수 있다. 유료 프로그램 중에는 '리틀팍스(Little Fox)'나 '리딩게이트(ReadingGate)'와 같은 프로그램도 있다. 다만 VOOKS와는 영상의 성격이 다르다. 리틀팍스나 리딩게이트는 퀴즈가 함께 있어서 좀 더 학습적인 측면이 강하다. 한번 비교해 보면서 아이의 취향에 맞는 것을 골라 보는 것도 좋겠다.

그 외 영상들

그림책을 영상으로 만든 것 외에 비교적 순하고 재미있는 영상을 소개한다. 이 중에서 아이의 취향에 맞게 영상 보기를 하면 좋겠다. 1단계에서 소개하는 영상은 한 편당 길이가 길지 않다. 대부분 10분 이내의 영상이고 길어야 25분을 넘지 않는다. 처음 영상 보기를 한다면 시청 시간을 30분 정도로 잡고 서서히 늘려 나가는 것이 좋다. 또한 시청 시간을 정하기보다는 하루에 몇 편을 볼 것인지 이야기하는 것이 불필요한 실랑이를 줄일 수 있을 것이다.

아이는 자신의 영어 수준보다 다소 어려운 영상이더라도 잘 보는 경우가 많다. 영상 자체가 재미있기도 하고 영상 정보를 통해서 내용을 파악하는 것이 가능하기 때문이다. 영상의 선택 범위를 조금 넓게 잡고 그 속에서 아이가 좋아하는 영상을 고르게 해야 하는 이유이기도 하다. 우선 영상을 즐겁게 보아야 자연스럽게 귀가 열리고 소리를 들을 수 있다.

1단계에서 소개하는 영상은 대체적으로 아이의 일상을 주제로 하고 있다. 일상을 다룬 이야기가 좀 더 이해하기 쉽고 영어 인풋도 더 쉽게 받아들일 수 있기 때문이다. 아이의 영어 수준이 점차 올라가면서 모험이나 판타지 등으로 주제를 확장하면 된다.

영상을 소개하며 유튜브나 넷플릭스, 쥬니어네이버 등 어디에서 볼 수 있는지도 함께 제시해 두었다. 유튜브에서 영상을 볼 때는 공식 채널에서 보는 것이 좋다. 유튜브에서는 웬만한 영상은 다 찾을 수 있지만 공식 채널이 아닌 경우 영상의 화질이 떨어질 수 있고 에피소드 간의 연결이 떨어진다는 단점이 있다. 아이가 즐겨보는 영상이 공식 채널에서 제공되지 않는다면 DVD를 구매하는 것도 괜찮은 방법이다. 특히 아이가 어리고 한정된 영상을 반복해서 볼 때는 DVD가 더 도움이 될 수 있다.

Spot / DVD, 유튜브

플랩북으로도 유명한 귀여운 강아지 스팟의 일상을 담은 이야기다.

Maisy / 유튜브

귀여운 생쥐 메이지와 동물 친구들의 이야기로 그림책도 유명하다. 영상은 대부분 내레이션이 주를 이루고 있다.

Kipper / DVD, 유튜브

강아지 키퍼의 이야기로 다소 올드하지만 잔잔하고 따뜻한 느낌의 애니메이션이다. 책으로도 나와 있다.

Hey Duggee / 쥬니어네이버

주인공 더기와 동물 친구들의 유치원 이야기이다. 에피소드마다 더기가 가진 '배지'로 문제를 해결하고 새로운 것을 배워 나간다. 공식 홈페이지(www.heyduggee.com)에서 영상을 본 후 할 수 있는 다양한 활동을 볼 수 있다.

Milo / 유튜브

호기심 많은 토끼 마일로의 일상생활과 유치원 생활을 그린 애니메이션이다. 유튜브 'KidsFlix-Cartoons for Children' 채널에서 영상을 볼 수 있다.

Max&Ruby / 넷플릭스, 유튜브

캐나다에서 만든 애니메이션이다. 귀여운 토끼 맥스와 루비 남매의 일상생활을 다루고 있다.

Simon / 넷플릭스, 유튜브

토끼 형제 사이먼과 에드먼의 일상 이야기이다. 넷플릭스에서도 볼 수 있고, 유튜브 Simon Official 채널에서도 영상을 제공하고 있다.

Peppa Pig / 넷플릭스, 유튜브

정말 유명한 애니메이션으로 귀여운 돼지 페파와 조지 남매의 일상 이야기를 담은 영국 애니메이션이다.

The Baby Triplets / DVD, 유튜브

귀여운 세 쌍둥이의 일상 이야기로 유튜브에는 따로 공식 채널이 없어서 화질이 좋지 않은 편이다. DVD로 보는 것을 추천한다.

Little Bear / 유튜브, DVD

아기곰의 일상을 다루고 있다. 다소 올드하지만 전체적으로 부드럽고 잔잔한 느낌의 애니메이션이다.

Caillou / 유튜브, DVD

잔잔한 영상과 함께 까이유의 일상을 잘 보여준다. 초기 단계의 영상으로 매우 유명하지만 다른 영상보다 대사가 쉬운 편은 아니다.

Daniel Tiger's Neighbourhood / 넷플릭스, 유튜브

아기 호랑이 대니얼의 일상 이야기를 다룬다. 잔잔하고 교육적이라 아이에게 보여주기 좋은 영상이다.

Chip & Potato / 넷플릭스

귀여운 퍼그 칩과 비밀 친구인 작은 생쥐 포테이토가 함께 겪는 일상 이야기다.

Q&A
영상을 잘 이해하고 있는 것인지 걱정이 돼요

우선 영상이 아이의 영어 수준에서 너무 많이 벗어나지 않는다면 괜찮다. 영상의 소리에 익숙해지기 위해서는 일정 기간 적응할 필요가 있다. 그래서 영상 보기를 시작하고 몇 달은 적응하기 위해 애써야 한다. 아이가 영상을 거부하지 않고 잘 보고 있다면 일단 걱정할 필요는 없다. 아이가 매일 영상을 보다 보면 점점 알아듣는 소리가 생기고 내용도 더 잘 이해하게 될 것이다. 그때까지는 일단 어떻게든 꾸준히 영상을 보는 노력이 필요하다. 우리 아이의 영어 습득 과정이 장기전이라는 것을 항상 염두에 두어야 한다.

영상을 아이의 수준에 '정확히' 맞추기는 어렵다. 다양한 상황이 제시되기 때문에 어휘와 표현을 한정하는 것은 불가능하기 때문이다. 하지만 아이는 영상 이미지를 통해 전체 줄거리를 파악하고 내용을 이해할 수 있다. 이미지가 주는 정보는 생각보다 크다. 영어를 전혀 하지 못하는 사람도 영상을 집중해서 보다 보면 대충의 줄거리는 파악할 수 있다. 일단 아이의 수준에서 볼 수 있는 범위 내의 영상이라면 아이가 적응할 때까지 두는 것도 괜찮다. 아이가 그림책을 보며 어휘와 단어를 추측하는 것을 배워 나갔듯이 영상을 통해서도 충분히 연습할 시간을 주는 것이다.

영상도 그림책을 고를 때처럼 최대한 내용을 잘 나타내고 있는 것을 골라야 한다. 그럼 영상이 아이의 영어 수준에서 조금 벗어나더라도 충분히 이해할 수 있을 것이다. 최대한 아이의 영어 수준에 가깝게 맞추는 것이 좋지만 아이가 좋아한다면 조금 어려운 것도 괜찮다. 몰입해서 보다 보면 장면을 하나씩 이해할 수 있게 된다. 만약 그래도 걱정이 된다면 쉬운 영상을 함께 병행해서 보면 된다.

영상 보기를 할 때는 책 읽기를 함께 해야 한다. 아이는 영어 영상 보기와 책 읽기를 함께 해나가면서 영어 인풋을 더욱 풍부하게 쌓을 수 있다. 영상에서 들은 표현을 책에서 발견하기도 하고 책에서 본 표현을 영상에서 들을 수도 있다. 두 활동을 통해 영어 인풋을 더 단단하게 쌓을 수 있게 된다. 그러니 아이가 책 읽기를 꾸준히 실천하고 있고 영상도 거부하지 않고 잘 본다면 크게 걱정하지 않아도 된다. 자연스러운 습득의 힘을 믿자. 즐기면서 보다 보면 어느 순간 영어를 들으며 보고 있을 것이다.

아이가 좋아하는 캐릭터로 파닉스도 깨우친다

아이가 좋아하는 캐릭터를 공략하라

아이가 어느 정도 영어 영상에 적응을 했다면 이제는 영어 영상의 재미를 알아가야 한다. 우선 아이가 좋아하는 취향 저격 영상을 발견하는 것이 제일 중요하고, 거기에 영상 속 캐릭터를 활용하면 아이가 더욱 즐겁게 영상을 보게 된다. 소위 캐릭터 덕질을 하는 것인데 이 시기에 아이들이 볼 수 있는 영상은 대부분 캐릭터 애니메이션이다. 그 속에서 아이가 좋아하는 캐릭터로 다양한 활동을 하고 일상을 좋아하는 캐릭터로 채워주는 것이다.

예를 들어서 '페파피그'를 좋아하는 아이라면 페파피그 인형이나 피규어 등 각종 캐릭터 상품을 활용하는 것이다. 여가 시간에도 캐릭터와 놀 수 있게 한다면 아이는 영상을 더 좋아하게 되고 더욱 푹 빠져서 보게 된다. 인형으로 역할놀이를 하며 영어 표현을 익힐 수도 있으니 영어 인풋을 쌓는 데 이처럼 좋은 것도 없다.

캐릭터 상품을 활용할 때 꼭 거금을 들여서 많은 피규어나 장난감을 살 필요는 없다. 만 원 전후의 비교적 저렴한 마그넷북이나 스티커북, 비지북(Busy Book; 작은 피규어나 장난감이 들어 있어서 역할놀이를 할 수 있다.), 컬러링북을 활용하는 것도 좋다. 특히 컬러링북은 굳이 사지 않아도 인터넷에서 얼마든지 구해서 출력할 수 있으니 구글에서 아이가 좋아하는 캐릭터 이름과 'coloring pages'를 함께 검색해서 찾아보자. 색칠놀이를 할 수 있는 다양한 도안도 찾을 수 있다. 특히 'Super Coloring(www.supercoloring.com)'을 방문하면 애니메이션 캐릭터뿐만 아니라 동물, 과일, 알파벳 등 정말 셀 수 없을 정도로 많은 도안을 볼 수 있다. 회원 가입을 할 필요 없이 원하는 그림을 선택하고 'Print it'만 누르면 바로 출력할 수 있다.

만들기를 좋아하는 아이라면 유튜브에서 캐릭터 이름과 함께 'paper craft'를 검색해 보자. 캐릭터를 활용한 종이접기부터 종이인형 만들기 등 다양한 영상을 확인할 수 있다. 그중 아이가 좋아할 만한 활동을 함께 해보자. 영상을 따라 직접 종이인형을 만들고 역할놀이를 할 수도 있고, 간단하게 책을 만들 수도 있을 것이다. 이런 활동을 통해 아이는 캐릭터와 영상에 더욱 애착을 갖게 된다.

캐릭터를 활용하는 것은 영어 영상뿐만 아니라 책도 더 잘 보게 하는 효과를 얻을 수 있다. 아이는 자신이 좋아하는 것에는 몰입도가 높기 때문에 영상을 보면서 좋아하게 된 캐릭터가 책에도 나온다면 책을 더 잘 볼 수 있다. 반대로 좋아하는 책의 캐릭터가 영상에 나온 다면 그 영상을 더 잘 보게 된다. 그래서 캐릭터 덕질은 영상에도 책에도 모두 적용될 수 있는 효과적인 방법으로 책과 영상을 모두 잘 볼 수 있는 이상적인 방법이다.

영어 영상과 영어책이 연계되는 것이 영어 인풋을 쌓는 데는 제일 좋겠지만 한글책과 연계해서 봐도 좋다. 특히 국내 사정상 영어책을 구하기 힘든 경우도 간혹 있기 때문이다. 그중 하나가 바로 《추피(T'choupi)》인데 추피는 엄마들 사이에서 '추피 지옥'으로 불릴 만큼 아이가 좋아하는 책 중 하나이다. 그런데 이 책은 영어 버전을 구하기가 어렵다. 하지만 영상으로 영어 버전은 비교적 쉽게 볼 수 있다. 바로 유튜브에서 추피의 영어 이름인 'Charley and Mimmo'를 검색하면 된다. 한글책을 좋아했던 아이라면 영어 영상도 즐겁게 볼 수 있을 것이다.

아이가 좋아하는 대박 책이나 영상을 발견했다면 놓치지 말고 캐릭터를 활용해서 더욱 푹 빠지게 해주는 것을 잊지 말자. 책과 영상을 연계하는 것도 기억해야 한다. 아이는 영상과 책을 즐겁게 보면서 자연스럽게 영어 인풋도 쌓을 수 있게 된다. 1~2단계에서 소개한 영상들은 대부분 책도 함께 나와 있는 애니메이션인 경우가 많으니 아이가 좋아하는 영상을 잘 찾아보자.

영상으로 파닉스 배우기

파닉스는 문자를 읽는 방법을 익히는 것이다. 앞서 책 읽기 과정에서 소개했는데 영상을 통해서도 파닉스를 즐겁게 배울 수 있다. 파닉스는 영어 학습에서 필수 과정은 아니다. 어떤 아이는 파닉스 학습이 필요하지만 또 어떤 아이는 자연스럽게 문자를 터득하기도 한다. 파닉스를 익힐 때는 파닉스 교재를 활용해도 되지만 영상과 함께 하는 것을 더 추천한다. 아무래도 파닉스는 '학습'의 개념이기 때문에 파닉스 교재로만 보는 것은 재미가 떨어질 수 있기 때문이다.

기본적으로 영어 영상 보기는 문자를 익히기 위한 것은 아니고 듣기를 통해 인풋을 쌓는 것이 중심이다. 어린아이가 주위의 다양한 말소리를 통해 모국어를 익히는 과정을 생각하면 된다. 그러나 말을 깨우치는 것과 문자를 익히는 것은 별개의 문제다. 그래서 영상을 통해 영어 인풋을 쌓더라도 책 읽기로 다져주는 과정이 필요한 것이다. 하지만 영상에도 다양한 종류가 있기 때문에 파닉스를 알려주는 영상도 찾아볼 수 있다. 이 영상들은 파닉스 교재보다 훨씬 더 재미있고 스트레스 없이 파닉스를 익힐 수 있는 장점이 있다. 파닉스 영상은 DVD를 구매하는 방법도 있지만 유튜브에서도 다양하게 찾아볼 수 있다. 아래는 파닉스 학습 영상을 제공하고 있는 유튜브 채널이다.

Preschool Prep Company

알파벳, 파닉스 영상뿐만 아니라 사이트워드 영상도 제공하고 있어서 매우 유용하다. 그 외에도 숫자, 도형, 색깔 등 다양한 영상이 있으니 활용하기 좋다.

Alphablcoks

파닉스를 배우는 영상으로 가장 유명한 것 중 하나다. 알파벳이 각각의 캐릭터로 설정되어서 서로 어울리면서 소리를 만드는 내용이다. 짧지만 스토리가 있어서 아이들이 재미있게 볼 수 있다. 알파블럭스는 'CBeebies'에서 방영되었기 때문에 'CBeebies'의 유튜브 채널에서도 'Magic Words' 시리즈로 볼 수 있다.

Rock 'N Learn

'Rock 'N Learn'은 원래 파닉스를 배우는 DVD로도 유명하다. 유튜브에서도 영상의 일부를 볼 수 있다. 재생 목록 중 'Phonics | Learn to Read'를 찾아 들어가면 볼 수 있다.

Fun Kids English

각 알파벳의 소리나 파닉스를 노래로 배울 수 있는 영상을 제공한다. ESL 학습자나 유아가 노래나 챈트로 영어를 배울 수 있도록 하기 때문에 재미있게 활용하기 좋다.

Bounce Patrol Kids

앞에서 마더구스를 볼 수 있는 채널로도 소개했다. 알파벳 송으로 알파벳을 재미있게 익힐 수 있다. 애니메이션이 아닌 실제 사람이 나와서 각 알파벳에 따른 소리를 재미있게 알려준다.

Kids TV - Nursery Rhymes And Baby Songs

재생 목록 중 'Learning Street With Bob'에서 알파벳에 따른 소리, 알파벳을 쓰는 방법 등을 간단히 배울 수 있다. 알파벳 영상 외에도 숫자, 색깔, 모양 등에 관한 다양한 영상이 올라와 있다.

LeapFrog (Letter Factory)

오래 전부터 파닉스 학습으로 유명한 영상으로 아쉽게도 현재 'LeapFrog' 유튜브 공식 채널에는 파닉스 관련 영상이 거의 없는 편이다. 공식 채널이 아닌 곳에서 볼 수 있지만 영상의 화질이 떨어진다. 아이가 'LeapFrog'를 좋아한다면 DVD 활용을 추천한다. 그중에서 가장 인기 있는 영상은 'Letter Factory' 이다.

파닉스 영상은 말 그대로 파닉스를 익히는 게 목적이기 때문에 영어 인풋을 다양하게 쌓는 데 한계가 있다. 파닉스를 오래 하는 것보다는 필요한 시기에 바짝 하고 넘어가는 것이 더 효과적이다. 무엇보다 파닉스의 기본 규칙을 익힌 다음에 책을 통해서 다지는 것이 더 중요하다. 영상으로 모음과 자음의 소리를 익힌 다음에 필요한 내용만 골라서 보는 것도 좋다. 꼭 영상을 통해서 파닉스를 해야 하는 건 아니니 아이의 성향에 맞게 책과 영상을 적절히 활용하면 된다. 영어 인풋이 충분히 쌓여 있는 상태에서 파닉스 학습을 시작해야 한다는 원칙을 잊지 말자.

아이에게 추천하는 영상과 사이트 찾기

    2단계에서는 아이가 푹 빠져서 볼 수 있는 캐릭터 애니메이션을 보는 것이 좋다. 아이가 좋아하는 캐릭터를 집중 공략한다면 아이가 거부감 없이 영상을 보게 된다. 사실 이 시기에 아이가 볼 수 있는 영상은 대부분 애니메이션이다. 1~2단계의 추천 영상들도 주인공 캐릭터를 중심으로 스토리가 구성된 애니메이션이 많다. 이런 애니메이션은 아이가 즐겁게 보기만 한다면 크게 단계를 따지지 않아도 괜찮다. 아이의 취향이나 성별, 연령, 일상 등에 따라 선호하는 캐릭터가 정말 다양하기 때문에 아이가 그동안 쌓아온 영어 인풋에 따라 체감 난이도도 달라질 수 있다. 범위를 조금 넓게 설정하고 그 속에서 아이가 좋아하는 캐릭터를 만날 수 있도록 해주자.

    아래 추천 목록에서는 많은 아이에게 사랑받아 온 애니메이션을 소개하고 있다. 목록을 참고해서 아이가 좋아하는 주제를 연결시켜나가는 것도 좋은 방법이다. 예를 들어 요즘 공주에 푹 빠져 있는 아이라면 'Ben and Holly's Little Kingdom'에서 'Little Princess', 'Chloe's Closet', 'Angelina Ballerina(3단계)' 등으로 확장시켜 나가는 식이다. 추천 목록 외에도 정말 다양한 영상이 있으니 아이의 취향에 맞는 대박 영상을 찾기 위해 노력해 보자. 유튜브나 넷플릭스에서는 키워드를 검색하면 관련된 다른 영상들도 함께 볼 수 있고, 쥬니어네이버의 BBC 채널에서도 다양한 영상을 볼 수 있다. 평소에 아이가 좋아하는 영상을 틈틈이 찾아 두었다가 끊이지 않게 제공하자.

Charley and Mimmo / 유튜브, DVD

인기 책 '추피('T'choupi)'의 애니메이션 버전이다. 유치원 생활을 배경으로 추피의 일상을 그리고 있다. 교육적인 메시지도 주고 있어서 이 시기의 아이에게 보여주기 좋다.

Ben and Holly's Little Kingdom / 넷플릭스, 유튜브

페파피그 제작진이 만든 작품이다. 마법의 작은 왕국에 사는 엘프 벤과 공주 홀리의 이야기이다.

Dinopaws / 쥬니어네이버

쥬니어네이버의 BBC 채널에서 볼 수 있다. 사랑스러운 공룡 친구들의 이야기로 공룡을 좋아하는 아이가 보면 좋다.

Toopy and Binoo / 유튜브, DVD

생쥐 캐릭터인 투피와 고양이 캐릭터인 비누의 일상 이야기이다. 투피의 과장된 표현 덕분에 더욱 재미있게 볼 수 있다.

Little Princess / 유튜브, DVD

우아한 모습이 아닌 천방지축 말괄량이 공주의 이야기이다. 여자아이뿐만 아니라 남자아이도 재미있게 잘 본다. 일부 영상은 차단되어 있지만 유튜브에서 볼 수 있고 그림책 읽어주기 영상도 볼 수 있다. 영상보다는 수준이 높지만 그림책과 챕터북도 나와 있다.

Timothy Goes To School / 유튜브

'Treehouse Direct' 채널에서 볼 수 있다. 유치원에 가게 된 티모시의 일상을 잔잔하게 그리고 있다. 교훈적인 메시지도 있기 때문에 교육적으로도 좋다. 이 채널에서는 'Little Bear'나 'Max&Ruby' 등 다른 애니메이션도 볼 수 있다.

Charlie and Lola / 쥬니어네이버

오빠 찰리와 여동생 로라의 일상생활 이야기다. 교훈적인 에피소드도 많아서 아이들에게 보여주기 좋다. AR 2점대의 그림책도 있어서 함께 보면 좋다.

Franny's Feet / 유튜브

구둣방 할아버지와 함께 사는 소녀 프래니가 주인공이다. 손님이 구둣방에 맡긴 구두를 신고 다양한 곳으로 시간여행을 하는 이야기이다.

Doc Mcstuffins / DVD, 유튜브

주인공 소녀 닥이 장난감을 치료해 주는 내용이다. 의사놀이를 좋아하는 아이들이 특히 좋아한다. 유튜브에는 영상이 많이 없는 편이라 DVD를 통해 보는 것이 수월하다.

Morphle / 유튜브

귀여운 소녀 밀라와 무엇으로든 변신 가능한 마법 펫 모플의 사랑스럽고 상상력이 가득한 에피소드로 구성되어 있다.

Little Einsteins / 유튜브, DVD

꼬마 주인공들이 로켓을 타고 세계 이곳저곳으로 모험을 떠나는 내용이다. 각 에피소드마다 클래식이나 명화가 등장한다. 아이들이 자기도 모르게 클래식을 흥얼거리기도 한다.

Q&A
영어 영상 거부하는 아이, 어떻게 하면 좋을까요?

 많은 부모가 아이가 영어 영상을 거부하면서 고민이 늘기 시작한다. 엄마표 영어를 진행하면서 고비는 오게 마련이다. 어릴 때는 영어 영상과 책을 고분고분 잘 보던 아이도 갑자기 "영어 싫어!"를 외치기도 한다. 특히 한국어와 영어의 수준 차이가 커질수록 그럴 가능성이 높아진다. 이미 소통이 잘되는 한국어를 두고 영어 영상을 보라고 하니 답답할 수밖에 없는 것이다. 한국어 영상에 이미 많이 노출되어 있는 상태에서 영어 영상을 보라고 하면 아이는 발악을 할지도 모른다.
 이때 가장 효과 있는 방법은 한국어 영상을 일절 보여주지 않는 것이다. 가장 이상적인 것은 처음부터 영어 영상만 노출하는 것이지만 이미 한국어 영상을 노출했다면 단호하게 끊어야 한다. 그래야 영어 영상을 집중해서 볼 수 있다. TV가 고장 나서 영어 영상만 나오게 되었다고 거짓말을 했다는 일화는 엄마들 사이에서도 유명하다. 이도 저도 안 먹히면 그냥 단호하게 끊으면 된다. 그럼 아이는 짧으면 며칠, 길면 한 달 정도 후에 슬그머니 백기를 들게 될 것이다.

영어 영상을 너무 싫어한다면 강요하지 말고 잠깐 쉬다가 다시 슬쩍 찔러주는 것도 방법이다. 아침이나 오후 시간에 잠깐씩 틀어 놓으면서 아이가 볼 수 있게 하는 것이다. 사실 영어 영상은 보는 것에 적응한 후에도 재미를 느끼기까지는 꽤 오랜 시간이 필요할 수 있다. 아이마다 다르지만 어떤 아이는 일 년 가까이 걸리기도 한다. 영어 인풋은 지금만 쌓을 수 있는 게 아니다. 일단 거부하지 않고 영상을 잘 보는 습관을 만든 후에 시작해도 늦지 않다. 그동안은 아이가 좋아하는 대박 영상을 찾도록 노력해야 한다. 앞에서 말한 것처럼 '캐릭터'를 공략하여 아이를 영상의 세계에 푹 빠질 수 있도록 하자.

만약 영어 영상을 그동안 잘 봐왔는데 갑자기 거부한다면 부모의 태도를 점검할 필요가 있다. 은연중에 아이에게 영어로 부담을 준 것은 아닌지 한번 돌이켜 봐야 한다. 부모의 태도를 아이도 다 느낀다. 또 한 가지는 아이가 "이거 재미없어."라고 이야기하는 것이 "이거 어려워."라고 말하고 있는 것은 아닌지 살펴봐야 한다. 영상의 수준을 갑자기 확 올린 경우 영상의 재미가 반감될 수 있다. '이 정도는 시시할 것 같아.'라는 것도 결국은 엄마의 생각일 뿐이다. 아이의 영어 실력을 너무 과대평가하지 말자. 속이 타더라도 아이가 좋아하는 재미있고 쉬운 영상을 충분히 보게 하는 것이 지름길이 된다.

따라 말하기로
억양과 강세 익히기

영상과 책 보기로 영어 수준이 일정 수준에 도달하면 그 이후부터는 매우 수월하게 진행할 수 있다. 평균 2년 이상 영상 보기와 책 읽기를 지속해 왔다면 영어 인풋도 꽤 많이 쌓여 있을 것이다. 그 과정에서 아이들은 조금씩 영어 발화를 시도하기도 한다. 특히 영상을 보면서 들은 대사를 일상 속에서 불쑥불쑥 내뱉기도 한다. 그 시기에 '따라 말하기'를 할 수 있도록 도와주면 아이는 좀 더 수월하게 영어 아웃풋을 만들 수 있다.

따라 말하기는 '미믹킹(mimicking)'이라고도 한다. '흉내내다', '모방하다'의 의미를 가진 동사 'mimic'에서 나온 단어이다. 구글에서 'mimicking'을 검색하면 표정까지 똑같이 따라하는 두 사람의 이미지를 볼 수 있다. 미믹킹은 단순히 문장만 똑같이 말하는 것이 아니라 억양이나 강세, 표정, 제스처까지 모두 따라하는 것이다. 마치 똑같은 인물을 연기하는 것처럼 말이다. 일종의 모방 훈련이라고도 할 수 있는데 그냥 문장을 줄줄 따라하는 것보다 훨씬 더 상황에 몰입해서 발화할 수 있게 된다.

미믹킹의 가장 큰 장점은 아이의 말하기 자신감을 키워주는 것이다. 미믹킹을 통해서 영어 발화에 재미를 느끼고 그 속에서 자신감도 키울 수 있게 된다. 영어 말하기를 시작하는 아이에게 활용할 수 있는 효과적인 방법이다. 또한 듣기 실력 향상에도 도움을 줄 수 있다. 똑같이 말하기 위해서는 잘 듣는 것이 선행되어야 하기 때문이다. 잘 듣고 말하다 보면 발음도 자연스럽게 좋아질 수 있다. 또 실제 주인공이 되어 영어를 말하다 보니 내용을 좀 더 오래 기억할 수 있게 된다. 맥락 속에서 영어를 사용하고 체화할 수 있는 것이다. 미믹킹을 통해 연습한 표현은 온전히 자기 것이 될 수 있다.

사실 영어 말하기 연습 방법에는 여러 가지가 있다. 그중 가장 유명한 것은 쉐도잉(shadowing)이다. 그림자처럼 따라 다닌다는 의미에서 쉐도잉이라고 지어졌는데 영어를 들으면서 동시에 따라 말하는 활동이다. 사실 쉐도잉은 굉장히 집중력을 필요로 하기 때문에 아직 아이가 시도하기에는 벅찰 수 있다. 나 역시 대학교에서 통역 수업을 들으며 쉐도잉을 했는데 생각보다 쉬운 문장도 따라 하기가 쉽지 않다는 것을 느꼈다. 잠깐이라도 흐름을 놓치면 그 문장은 통째로 날리게 되기도 했다.

쉐도잉은 확실히 유창한 말하기 실력을 키우는 데 효과적인 방법이지만 아직은 시기상조이다. 우선은 영어 인풋을 충분히 쌓으면서 영어 말하기의 재미를 느끼는 것이 더 중요하다. 쉐도잉은 좀 더 아이가 영어를 학습으로 지속할 수 있는 힘이 생겼을 때 하는 것을 추천한다. 그때는 학습에 대한 동기부여도 가능하기 때문에 어려워도 따라올 수 있는 힘이 생긴다. 그 전까지는 미믹킹을 통해 애니메이션의 주인공이 되어 재미있게 영어 말하기를 할 수 있도록 하면 된다.

미믹킹을 할 때는 아이가 반복해서 즐겨보는 영상을 활용하는 것이 좋다. 반복해서 볼 수 있다는 것은 아이가 그만큼 좋아한다는 뜻이다. 만약 아이가 한 영상만 반복해서 따라하는 것을 싫어한다면 시리즈로 이어진 영상을 활용하는 것도 좋다. 시리즈물은 주인공과 주변 인물은 동일하고 에피소드만 달라지기 때문에 덜 지루하고 100% 똑같은 내용이 반복되는 것은 아니지만 반복적으로 나타나는 어휘와 패턴 등을 찾을 수 있기 때문에 유용하다. 아이가 여러 번 보고 따라하는 것을 지루해 하지 않아야 미믹킹을 더 쉽게 할 수 있다.

요즘 인기 있는 영상은 연계된 책도 있지만 영상의 대본집이 나와 있는 경우도 많다. 미믹킹을 할 때는 이런 대본집을 활용해도 좋다. 아니면 엄마가 간단히 장면과 대사를 인쇄해서 아이가 볼 수 있도록 미리 준비하면 된다. 한 가지 좋은 팁은 아이와 함께 대본책을 만들어 보는 것이다. 장면을 인쇄한 이미지를 붙여서 그림이나 대사를 아이가 직접 적어 보게 하고 표지도 직접 꾸민다. 아이는 더욱 애착을 가지고 대본책을 들여다보게 될 것이다.

영어 대본은 꼭 책을 사지 않아도 인터넷에서도 구할 수가 있다. 넷플릭스나 유튜브 모두 가능하고, 크롬(Chrome)에서 'Language Learning with Netflix' 또는 'Language Learning with YouTube'를 검색하면 확장 프로그램으로 다운로드 받을 수 있다. (PC에서만 가능하다.) 이 프로그램을 크롬에 설치한 후 화면의 우측 상단에서 '세로보기 열기 / 닫기'를 클릭하면 영어 자막을 볼 수 있다. 그리고 '내보내기'를 통해서 텍스트를 복사하여 저장할 수도 있다. 다만 넷플릭스에 비해 유튜브는 아직 자막의 문장 구분이나 한글 번역이 정확하지 않은 경우가 많기 때문에 대본집을 만들기 전에 반드시 정리한 후 활용해야 한다.

인터넷에서 바로 대본집을 다운로드 받는 방법도 있는데 추천하는 곳은 '엠앤브이(MNV)'라는 영어교육 콘텐츠 회사의 홈페이지(mnv.kr)이다. 아이의 DVD를 구하려고 알아봤다면 이미 잘 알고 있을 것이다. 엠앤브이 홈페이지에서는 '페파피그'나 '맥스앤루비' 등 다양한 영상의 대본을 무료로 제공하고 있다. 그 밖에 동영상 미리보기나 캐릭터 색칠놀이도 다운로드 가능하니 꼭 DVD를 사지 않더라도 방문해 보기를 바란다. 아이들이 볼만한 영상에 어떤 것이 있는지 살펴보는 데에도 도움이 될 것이다.

또 한 가지 중요한 것은 아이가 부담 없이 따라할 수 있는 수준으로 진행하는 것이다. 충분히 이해할 수 있고 따라할 수 있는 장면을 선택해야 한다. 단순히 영상 보기만 하는 것은 어려운 표현이나 어휘가 있어도 맥락을 통해 이해하고 넘어갈 수 있다. 하지만 미미킹은 듣고 이해한 것을 다시 말하기로 연결해야 하기 때문에 영상 보기보다 어렵다. 좀 더 세부적인 부분까지 신경 써야 하기 때문에 이해 가능한 인풋이 아니면 아이가 금방 지쳐 버릴 수 있다.

처음에는 평소의 영상 보기 수준보다 쉬운 것으로 시작하는 것이 좋다. 내가 아이들을 가르칠 때는 '페파피그'를 첫 영상으로 많이 활용했다. 영상에서 페파가 한국 나이로 5세, 조지가 3세인데 그 정도 수준의 유아 영어로 시작하는 것이 부담 없이 즐겁게 따라 하기 좋기 때문이다. 충분히 이해하고 따라할 수 있는 쉬운 수준부터 시작해서 차츰 디즈니 영화까지 연결해 나가는 게 바람직하다. 사실 성인 학습자에게도 원어민 초등 수준의 영어 말하기를 연습하기란 쉽지 않다.

가장 중요한 것은 미미킹을 통해 아이가 영어로 말하는 것에 재미를 느끼게 해주는 것이다. 아직 아이가 준비되지 않은 것 같다면 좀 더 미뤄도 된다. 미미킹을 싫어한다면 굳이 하지 않아도 좋다. 아이마다 아웃풋을 만들어내는 시기와 방법은 다르다. 아이가 말하기에 관심을 가지고 입에서 한두 마디씩 자연스럽게 영어가 터져 나올 때가 바로 아웃풋을 연습할 수 있는 최적기다. 그 전까지는 영어 인풋을 충분히 쌓는 데에 집중하면 된다. 무엇보다 영어 인풋을 꾸준히 쌓아온 아이라면 영어 말하기는 언제라도 아주 쉽게 터득할 수 있다.

엄마의 칭찬이
아이의 아웃풋을 만든다

아이의 영어 습득 과정에서 부모의 역할이 중요하다. 아이가 영어 말하기에 관심을 가지기 시작했을 때 부모의 칭찬이 큰 역할을 할 수 있기 때문이다. 사실 칭찬은 영어 아웃풋뿐만 아니라 영어 습득의 전 과정, 더 나아가 아이의 전반적인 성장 과정에 영향을 줄 수 있다. 아이들은 부모와 상호작용을 하며 성장하는 존재이다. 부모의 칭찬으로 아이는 자신이 하는 일에 대해 더욱 긍정적인 생각을 갖게 된다. 자신의 능력을 발전시키고 잠재력을 더욱 발휘할 수 있게 되는 것이다.

칭찬도 습관이다. 하면 할수록 늘고 익숙해질 수 있다. 아이가 갓난아기였을 때는 엉덩이를 들썩거리기만 해도 잘한다고 칭찬을 해준 기억이 있을 것이다. 그런데 아이가 클수록 공부도 잘했으면 좋겠고, 교우 관계도 원만했으면 좋겠다는 생각을 하면서 칭찬에 인색해진다.《우리 아이 괜찮아요》를 쓴 소아정신과 의사 서천석 박사도 아이의 자신감을 키우는 두 가지 비결로 칭찬과 성공의 경험을 꼽았다. 아이는 칭찬을 통해 자신감을 갖고 어떤 일이든 시도할 수 있는 힘을 키울 수 있다고 한다. 특히 말하기는 언어의 4가지 영역(듣기, 말하기, 읽기, 쓰기) 중에서 가장 자신감을 필요로 하는 영역이다. 이 시기에는 적극적인 칭찬으로 아이의 자신감을 키워주는 것이 무엇보다 중요하다.

스탠포드 대학 심리학과 캐롤 드웩(Carol Dweck) 교수는 TED에서 '자신이 발전할 수 있다고 믿는 힘'에 대해 강연을 했는데 아이가 '성장사고 방식(Growth Mindset)'을 갖기 위해서 주위 사람들의 반응이 중요하다고 강조했다. 성장사고 방식이란 '자신의 능력을 발전시킬 수 있다는 믿음'이다. 어려움에 직면했을 때 포기하지 않고 '나는 아직 배우고 성장하고 있다.'라고 생각하는 것이다. 부모의 태도는 아이가 이런 긍정적인 믿음을 가지는 데 정말 중요한 역할을 한다. 우리는 칭찬을 통해 아이가 스스로 발전할 수 있다고 믿게 만들어 줄 수 있다.

이때 조심해야 하는 것은 아이의 재능이나 지능에 대해서 칭찬하지 않는 것이다. 아이가 영상에서 들은 영어 표현을 쉽게 기억해냈다고 해서 천재라거나 똑똑하다고 추켜세우지는 말자. 드웩 교수는 그런 칭찬은 아이가 '재능과 지능은 타고 난다'라고 믿는 '고정사고 방식(Fixed Mindset)'을 갖게 만든다고 한다. 고정사고 방식은 아이가 성장하는 데 역효과를 낼 수 있다. 노력으로 무언가를 이뤄낼 수 있다는 것을 믿지 않게 되고 똑똑해 보이는 자격에만 집착하게 될 수도 있다. 그러다 보면 어려운 과제에 직면했을 때 도전보다 포기를 선택해 더 이상 발전이 없을 수 있다.

단순히 아이에게 영어를 잘해서 똑똑하다는 칭찬보다는 좀 더 지혜로운 칭찬을 해줄 필요가 있다. 아이가 영어를 습득하는 과정에서 보여주는 노력이나 인내, 향상을 인정하고 알아주는 것이 더욱 중요하다. 또 아이가 영어 대사를 따라하다 실수를 했을 때도 평가하거나 지적하지 않고 점점 발전하고 있다는 것을 알게 해주는 것이 중요하다. 실제로 시카고의 한 고등학교에서는 통과하지 못한 과목에 '불합격' 대신 '아직(Not yet)'이라는 성적을 준다고 한다. 학생들이 성적을 통해 좌절하거나 포기하지 않고 좀 더 노력해서 이룰 수 있도록 만드는 것이다.

내 아이도 '아직'의 마음으로 스스로 발전해 나갈 수 있도록 해야 하지 않을까? 부모의 지혜롭고 적절한 칭찬으로 아이는 자신감을 가지고 충분히 해나갈 수 있다는 믿음을 갖게 된다. 아이들의 영어 인생은 정말 길다. 영어를 잘하게 되어도 더 잘하기 위해서 끊임없이 실력을 갈고 닦아야 한다. 아이들은 이제 겨우 첫발을 내디뎠을 뿐이니 영어를 즐기며 자신감을 얻을 수 있게 해줘야 한다. 아이의 아웃풋을 더욱 풍부하게 만들 토대가 될 것이다.

아이에게 추천하는 영상과 사이트 찾기

3단계
영어 아웃풋 만들기

2단계 영상까지 무리 없이 잘 봐왔다면 이제는 좀 더 자유롭게 영상을 선택할 수 있다. 영어 인풋이 쌓이면서 이해할 수 있는 내용도 훨씬 많아졌을 것이다. 그럼 훨씬 더 수월하게 영상 보기가 진행될 수 있다. 다만 폭넓게 영상을 선택하되 그 영상이 아이의 연령에 적합한 내용인지는 확인할 필요가 있다. 부모마다 기준이 다르겠지만 초등학교 저학년 학생들이 보기에 다소 자극적인 내용도 많이 있다. 내용을 미리 점검할 필요는 있다. 아이가 장시간 영상에 집중해서 볼 수 있다면 영화를 시도하는 것도 좋다. 시간 관계상 매일 보지는 못하더라도 주말에 가족이 다함께 보는 것이다.

아래에서 추천하고 있는 영상은 3단계 수준의 아이에게 적합한 영상이다. 유튜브나 넷플릭스를 중심으로 하고 있으니 가정의 상황에 맞게 활용하면 된다. 다만 유튜브에서는 공식 채널이 있어도 일부 영상은 한국에서 볼 수 없도록 차단되어 있는 경우가 있고, 편집본 영상으로 올라와 있는 경우도 많이 있다. 아이에게 유튜브로 바로 영상을 틀어주기보다는 먼저 어떤 에피소드를 얼마나 제공하고 있는지 확인할 필요가 있다. 만약 아이가 흥미를 느끼고 집중해서 잘 본다면 DVD를 구매하거나 넷플릭스를 활용하는 것도 좋은 방법이 될 것이다.

Arthur / 유튜브

아서는 아주 오랫동안 전 세계 어린이들의 사랑을 받은 캐릭터이다. 초등학교 3학년인 아서의 일상 이야기로 에피소드가 구성되어 있다.

Angelina Ballerina / 유튜브

프리 마돈나를 꿈꾸는 생쥐 소녀 안젤리나가 발레를 배워가는 내용이다. 안젤리나의 일상을 잔잔하게 그리고 있어서 여자아이가 좋아한다.

64 Zoo Lane / 유튜브

64 쥬레인에 살고 있는 주인공 루시와 동물 친구들의 이야기이다. 매일 밤 루시가 잠자리에 들 시간에 동물원 친구들이 찾아와서 이야기를 들려준다. 서정적이고 따뜻한 내용이다.

Octonauts / 유튜브, 넷플릭스

귀여운 캐릭터들이 바다 동물과 환경을 지키는 내용이다. 자연스럽게 바다에 관한 지식을 쌓을 수도 있고 환경 보호를 위한 생각도 갖게 된다. 유튜브와 넷플릭스에서 볼 수 있고, 넷플릭스에서는 현재 극장판을 제공하고 있다.

Super Why / 유튜브

동화 마을에 사는 주인공들이 책을 통해서 다양한 문제를 해결하는 내용이다. 매 에피소드마다 유명한 동화책을 한 권씩 접할 수 있다. 파닉스나 영어 단어를 조금씩 접할 수 있어서 교육적으로도 좋다.

PJ Masks / 넷플릭스, 유튜브

2015년에 미국에서 방영한 인기 애니메이션이다. 꼬마 주인공들이 밤에 파자마 삼총사로 변신해서 악당을 물리치는 내용이다.

Paw Patrol / 넷플릭스, DVD

주인공 10살 소년 라이더와 강아지 친구들이 구조대로 활약하는 내용이다. 주로 남자아이가 좋아한다. 리더스북도 함께 있어서 활용하기 좋다. 유튜브에서는 주로 실시간 방송으로 볼 수 있다.

Milly, Molly / 유튜브

단짝 친구인 밀리와 몰리의 일상 이야기이다. 감동적이고 교훈적인 에피소드가 많다. 이 시리즈는 인성 동화로도 유명하다.

Harry and his Bucket Full of Dinosaurs / 유튜브

해리와 공룡 친구들의 일상과 공룡 세계로 떠나는 모험 이야기로 구성되어 있다. 잔잔하면서도 사랑스러운 에피소드가 많다.

Chico Bon Bon / 넷플릭스

원숭이 캐릭터인 주인공이 문제를 해결하기 위해 하나씩 발명품을 만들어 나가는 이야기이다. 과학 지식을 접하는 데 도움이 된다.

Bread Barbershop / 넷플릭스, 유튜브

한국에서 만든 애니메이션이다. 식빵 캐릭터인 천재 이발사 브레드의 이발소에 다양한 손님들이 오면서 생기는 에피소드로 구성되어 있다. 7세 이상 관람가이고 어른에게도 인기가 많은 만큼 지금 우리 아이가 보기에 적합한지 미리 점검하는 게 좋다.

이 밖에 이 시기에 볼 수 있는 영화는 대부분 디즈니나 드림웍스에서 나온 애니메이션 영화들이다. 영화는 주로 넷플릭스나 왓챠플레이(watchaplay) 같은 유료 OTT(Over The Top; 인터넷을 통해 다양한 플랫폼으로 영상 콘텐츠를 시청할 수 있는 서비스)를 통해 볼 수 있다. 네이버 영화 같은 영화 전문 사이트에서 다운로드 받아서 보는 방법도 있다. 2021년 하반기부터는 디즈니플러스(Disney+)가 한국에서도 서비스를 시작할 예정이라고 하니 아이들이 좋아하는 영화를 좀 더 쉽게 볼 수 있게 될 것 같다.

Q&A
영어 영상에만 빠진 아이, 어떻게 하면 좋을까요?

　영상 보기는 시작 단계부터 자리를 잡을 때까지 계속 부모의 고민거리이다. 영상을 안 봐도 걱정이고 너무 잘 봐도 걱정이니 말이다. 개인적으로 아이가 영어 영상을 보는 것을 즐기는 것은 좋은 일이라고 생각한다. 영상만큼 영어 인풋과 아웃풋을 쉽게 만들어 주는 것은 없기 때문이다. 다만 아이의 다른 일상 활동에 영향을 줄 정도의 중독 수준이라면 절제할 필요는 있다. 무엇보다 가족이 함께 영상 보기의 규칙을 정했으면 그것을 지킬 수 있도록 하는 것이 아이의 바른 습관을 잡는 데에도 좋다.

　아이가 1~3단계를 거치며 꾸준히 영상 보기를 해왔다면 규칙이 습관으로 자리 잡았을 것이다. 그런데 이 습관이란 것이 흐트러지는 것은 정말 허무할 정도로 단시간에 일어날 수 있다. 아이의 습관이 흐트러지고 영상에 중독이 되었다면 그건 부모의 탓이 크다. 너무 많이 보여주는 게 아닌가 걱정이 되면서도 체력적으로 힘드니까 영상을 계속 틀어주었기 때문이다. '영어 노출'이라는 핑계로 아이를 너무 영상 앞에 내버려 두지 않았는지 반성해 볼 필요가 있다.

부모는 아이에게 절제를 가르쳐야 할 의무가 있다. 아이의 영상 중독을 해결하는 방법은 단호함밖에 없다. 처음에는 아이가 울고불고 한바탕 난리가 날 것이다. 하지만 처음에 정한 규칙대로 밀어붙여야 한다. 이건 아이들과 말꼬리 잡기하면서 일일이 설명할 필요가 없다. 안 되는 건 안 되는 거라고 단호하게 이행하자. 그래야 아이들은 더 이상 안 된다는 것을 알고 단념하게 된다. 특히 규칙을 통해 절제하는 습관이 자리 잡아야 영상 독립 단계에서도 영상을 유익하게 활용할 수 있다.

단호함과 동시에 더욱 재미있는 것으로 아이의 흥미를 이끄는 것도 중요하다. 앞에서도 이야기했지만 영어 영상으로 부작용이 나타나는 것은 영상 시청 자체의 문제가 아니다. 영상 시청으로 인해 다른 발달에 골고루 신경써 주지 못했기 때문이다. 아이들이 영상 외에도 다른 즐거운 놀잇감을 접할 수 있도록 해주자. 열심히 몸으로 놀아주기도 하고 책도 더욱 신나게 읽어주면서 말이다. 꾸준히 책 읽기를 해온 아이라면 책 읽기의 즐거움도 이미 알고 있을 것이다. 아이가 좋아하는 영상을 책과 연계해서 책의 재미에 빠질 수 있도록 방향을 전환하는 것도 좋다. 더욱 재미있는 놀잇감이 있으면 아이는 온종일 영상을 틀어줘도 스스로 자제하게 된다.

관심 주제를 영어로 배울 수 있게 하자

영상 보기 독립을 위한 준비

그동안 아이는 영상 보기와 책 읽기를 병행하며 최소 4년 이상 영어를 습득했다. (영어 노출 시작 시기에 따라 다르지만 3세부터 초등 저학년까지 꾸준히 하자.) 그만큼 아이의 일상에 영어가 자리 잡았을 것이다. 이제부터는 아이가 스스로 필요에 맞게 영어 영상을 골라 보고 활용할 수 있도록 도와줘야 한다. 그동안은 애니메이션 위주의 영상을 보았다면 이제는 본격적으로 토크쇼나 관심 있는 유튜브 크리에이터의 채널을 볼 수도 있다. 더 나아가 TED-Ed처럼 지식을 쌓을 수 있는 교육용 영상을 볼 수도 있다. 이전까지는 영어 습득에 목적이 있었다면 이제는 영어를 통해 지식 습득을 할 수 있도록 하는 것이 목표다.

영어 영상을 통해 할 수 있는 것은 정말 많다. 새로운 것을 배울 수도 있고 취미생활을 할 수도 있다. 예를 들어 코딩에 대해 알고 싶으면 유튜브에서 코딩을 검색할 수 있고, 종이접기를 하고 싶으면 종이접기 영상을 찾아볼 수도 있다. 유튜브에서 영상을 검색할 때 주제어와 함께 'for kids'나 'for primary school students' 등을 함께 검색하면 좀 더 아이에게 맞는 영상을 찾을 수 있다. 아이가 직접 관심 있는 주제에 대해 찾아보면서 영상 콘텐츠를 활용하는 방법을 배울 수 있다.

다만 한 가지 강조하고 싶은 것은 아이가 독립적으로 영상을 찾아본다고 해도 여전히 규칙과 부모의 역할이 필요하다는 것이다. 규칙은 항상 아이와 함께 의논해서 결정하고 그것을 아이가 지킬 수 있도록 해야 한다. 영상 보기뿐만 아니라 게임 등을 포함한 스마트기기 사용을 자제해서 할 수 있을 때까지는 그렇게 하는 것이 좋다. 또 부모가 아이가 보는 영상에 관심을 기울이고 확인하는 것이 꼭 필요하다. 아이가 자유롭게 영상을 선택해서 볼 수 있도록 하되 그 속에서 자극적이거나 폭력적인 부분은 없는지 확인해야 한다.

나는 가능하면 초등학교 시기까지는 '유튜브 키즈'를 계속해서 사용하는 것을 추천한다. 3단계까지는 유튜브 키즈의 '검색 제한' 기능을 활용해서 엄마가 설정해 놓은 영상 콘텐츠를 활용할 수 있도록 하고, 4단계부터는 검색을 허용해서 아이가 좀 더 자유롭게 영상을 볼 수 있도록 하는 것이다. 유튜브 CEO인 수전 워치스키도 자신의 아이들에게 유튜브 키즈만 이용하도록 한다고 했다. 유튜브 키즈가 만 13세 이하를 대상으로 하고 있는 만큼 최대한 활용하는 것이 좋겠다. 그런데 유튜브 키즈의 영상 역시 사람이 직접 검토하는 것은 아니기 때문에 간혹 키즈에 맞지 않는 영상이 나올 수 있다. 아직은 여전히 부모가 함께 하는 것이 좋다.

다만 이제 일일이 영상을 볼 때마다 옆에서 함께 봐주지 않아도 괜찮다. 이제부터는 부모의 역할이 줄어들어 훨씬 편해질 것이다. 아이가 영상 보기 독립을 향해 나아갈 수 있도록 함께 준비를 해보자.

영어는 하나의 도구

누누이 말하지만 영어는 결국 목적을 이루기 위한 '도구'이다. 원하는 것을 배우고 얻기 위한 아주 유용한 수단으로 활용할 수 있다. 아이는 그동안 영상 보기와 책 읽기의 단계를 차근차근 거치며 영어 실력을 쌓아왔다. 지금까지는 영어를 익히는 것이 목표였다면 이제는 영어를 통해 새로운 것을 배워나갈 차례다. 영어는 아이가 더 넓은 세상에서 원하는 것을 배우고 자신의 꿈을 펼칠 수 있도록 만들어 줄 수 있다.

시대가 계속해서 바뀌고 있지만 바뀐 시대에도 여전히 영어는 세계어의 위치를 유지할 것이다. 《영어의 힘》에서도 '영어를 쓰는 디지털 세대'가 미래를 주도하게 될 것이라고 강조했다. 영어를 활용하지 못한다면 접할 수 있는 정보나 진출할 수 있는 무대는 한정적이게 될 수밖에 없다. 특히 온라인 공간에서는 더욱 영어의 자리가 확고해질 것이다. 앞서 이야기한 것처럼 온라인 웹 사이트의 언어 60% 이상이 영어로 되어 있다. 한국어로만 정보를 활용할 수 있다고 하면 0.6%의 정보만을 쓸 수 있는 셈이다.

　우리가 살아갈 사회에서 정보를 얻는 것은 일종의 권력이 된다. 정보를 얻고 활용할 수 있는 사람이 더 많은 기회를 잡을 수 있는 것이다. 시간이 갈수록 정보는 더 많이 쏟아질 것이며 그 속에서 필요한 정보를 골라내고 활용할 수 있는 힘을 반드시 길러야 한다. 아이들은 그동안 영어 책 읽기와 영상 보기를 통해 정보 활용에 필요한 영어 실력과 문해력을 이미 탄탄히 다져왔다. 이제 그 힘을 활용해서 자신이 관심이 있는 분야의 정보를 얻고 사람들과 소통하는 경험을 충분히 쌓기만 하면 된다.

　문해력은 원래 언어를 바탕으로 지식과 정보를 획득하고 활용할 수 있는 능력을 말한다. 전통적으로는 문자를 기반으로 한 정보를 이해하고 활용하는 능력이었지만 지금은 문자에만 한정되지 않는다. 시대가 변하면서 더 이상 글을 통해서만 정보를 접하지 않게 되었듯이 문자를 비롯하여 이미지나 영상 등 다양한 매체를 활용하게 되면서 문해력의 범위도 확대되었다.

　문해력의 기본은 언어이고 아이는 그중에서도 가장 활용도가 높은 영어를 배웠다. 이제 필요에 따라 영상이나 책을 찾아보고 관심 있는 것을 배울 수 있다. 여기에 그치지 않고 영상에 댓글을 달 수도 있고 같은 관심사를 가진 사람들과 온라인 커뮤니티에서 이야기를 나눌 수도 있을 것이다. 영어는 아이가 앞으로 더 큰 꿈을 꾸고 실현할 수 있게 만들어 줄 것이다.

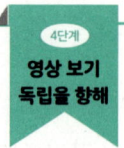

유튜브도 잘 활용하면 명약이 된다

일상 속의 디지털화는 공부나 일뿐만 아니라 여가시간을 보내는 것까지 영향을 주고 있다. 특히 코로나19가 전 세계를 강타하면서 삶의 디지털 트랜스포메이션(Digital Transformation; 디지털 기술이 사회 전반에 적용되는 것)은 더욱 빨리 진행되고 있다. 아이들이 살아갈 시대는 디지털이 더욱 중요한 핵심 키워드가 될 것이다. 그런 시대를 살고 있는 아이에게 무조건 디지털 미디어 활용을 피하게 하는 것은 옳지 않다. 오히려 그 속에서 어떻게 경쟁력을 갖추고 올바르게 디지털 매체를 활용할 수 있는지를 익히게 하는 것이 더 중요하다.

그중에서도 특히 유튜브는 지난 몇 년간 우리 일상에 가장 큰 영향을 끼친 것 중 하나이다. 바야흐로 유튜브의 시대라고 해도 과언이 아닐 만큼 많은 사람들이 유튜브를 이용하고 있다. '대학내일 20

대연구소'에서는 최근 1개월 내 유튜브 시청 경험이 있는 만 15~34세 800명을 대상으로 한 연구를 진행했다. 보고서에 따르면 이들은 유튜브 시청에 하루 평균 2시간을 쓰고 있다고 한다. 나이가 어릴수록 유튜브를 더 적극적으로 이용하는 것으로 나타났다. 특히 게임(49.4%)이나 뷰티(45.8%), 어학 및 교육(33.3%), 건강 및 헬스(33.3%) 등의 특정 분야에서 유튜브 검색이 활발하게 이루어지고 있었다.

유튜브에는 실제로 많은 정보를 담고 있는 영상이 업로드 되고 있다. 단순히 흥미나 재미 위주의 영상뿐만이 아니라 각계각층의 전문가들이 제공하는 알찬 영상도 볼 수 있다. 요즘은 닥튜버(의사와 유튜버의 합성어)들의 의학 지식 채널이 인기라고 하니 영상의 수준이 얼마나 전문적일지 짐작할 수 있을 것이다.

무엇보다 아이들은 더 이상 새로운 정보를 얻기 위해 도서관이나 선생님을 찾아가는 세대가 아니다. 궁금한 것이 있으면 그 자리에서 유튜브나 네이버, 구글과 같은 포털 사이트에서 바로 찾아본다. 선생님이나 부모가 아이의 호기심을 해결해 주는 것도 한계가 있을 뿐만 아니라 가르쳐 주는 것보다 스스로 정보를 찾는 경험도 중요한 시대다. 어떤 것이든 직접 활용해 보지 않으면 받아들이기 힘들다. 디지털 시대를 살아가며 디지털 매체나 기술을 활용하는 교육이 되어 있지 않으면 어떤 교육이든 받아들이기 힘들 것이다.

다만 아이가 유튜브를 활용할 때 불필요한 영상 시청에 빠지지 않도록 주의하는 것이 필요하다. 유튜브는 영상 알고리즘을 통해 따로 검색하지 않아도 관심 있는 주제의 영상을 함께 보여준다. 그동안 시청한 영상 정보를 바탕으로 연관성 있는 영상을 추천하고 있는 것인데 이 알고리즘의 늪에 한번 빠지면 영상 보기에서 헤어 나오기가 쉽지 않다. 어른들도 손에 스마트폰을 쥐고 하루 종일 유튜브를 보기도 하니까 말이다. 앞서 언급한 연구 보고서에서도 검색한 영상을 시청하고 난 후 추천 목록에 있는 영상을 연속해서 시청하는 비율이 34.1%나 된다고 한다.

부모는 아이에게 올바른 미디어 활용법을 알려줘야 한다. 아이에게 권한을 주는 것과 아이를 방치하는 것은 큰 차이가 있다. 아이들이 유튜브로 정보를 얻고 호기심을 충족하는 것이 필요한 만큼 유튜브를 떠돌며 불필요한 시간을 보내지 않도록 주의 깊게 봐야 한다. 아이가 스스로 영상을 독립해서 보기 전까지 주도적으로 영상을 활용하는 습관을 기를 수 있도록 하자. 그래야 여러 영상에 끌려 다니지 않고 균형 잡힌 경험을 할 수 있다.

이때 아이가 좋아하는 채널을 '구독' 설정하고 그 속에서 영상을 보도록 하는 것이 도움이 될 것이다. 아니면 미리 재생 목록을 만들어 두는 것도 효과적이다. 아이가 스스로 자신의 재생 목록을 만들고 관심 있는 영상으로 채워 나가게 하는 것이다. 좋아하는 주제별로 관련 영상을 담아서 재생 목록을 중심으로 보면 불필요한 영상에 휘둘리지 않고 좀 더 효율적이고 알차게 유튜브를 이용할 수 있다.

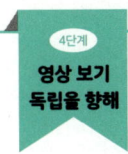

아이에게 추천하는 영상과 사이트 찾기

그동안 영상 보기와 책 읽기를 꾸준히 실천하며 영어 실력을 쌓아 왔다. 이제 영어 수준에 크게 구애받지 않고 흥미에 따라 좀 더 다양한 영상을 볼 수 있다. 영어 습득에 일차적인 목적을 두지 않고 영어로 다양한 경험을 할 수 있도록 하는 것이다. 유튜브 크리에이터의 채널을 통해 호기심을 충족할 수도 있고, 토크쇼나 다큐멘터리, 영미권 드라마 등을 통해 다양한 문화를 간접 체험할 수도 있게 되었다. 조금 어렵긴 해도 TED-Ed나 BBC Learning English 같은 교육용 영상을 보며 지식을 쌓을 수도 있다. 영상을 보며 여가시간을 보낼 수도 있고 새로운 것을 학습할 수도 있다. 외국어, 모국어 구분 없이 즐겁게 영상을 보면 되는 시기다.

추천 유튜브 채널

Blippi - Educational Vedios for Kids

친근한 캐릭터인 블리피 아저씨가 다양한 곳을 다니면서 여러 가지 체험을 하는 내용이다. 재미있는 놀이와 실험을 한다. 콘텐츠가 굉장히 다양하고 교육용 채널이다 보니 영어도 이해하기 쉬운 편이다. 아이들에게 인기가 많아서 여러 가지 굿즈도 판매되고 있다.

Rosanna Pansino

미국에서 아주 유명한 푸드 유튜버이다. 캐릭터나 영화 등 다양한 주제로 창의적인 베이킹을 하는 영상이 아주 인기가 많다.

Art for Kids Hub

아빠가 선생님이 되어서 그림 그리는 것을 보여주면 아이가 따라 그리면서 자유롭게 대화를 나누는 내용이다. 그림을 좋아하는 아이들이 보면서 그림을 따라 그릴 수도 있다.

SciShow Kids

아이들이 일상에서 궁금해하는 주제에 대해 재미있게 설명한다. 재미있는 실험도 진행하고 있어서 과학적 원리를 쉽게 알 수 있다.

NASA Space Place

재미있는 활동이나 게임 등을 통해서 아이들이 우주에 관한 지식을 배울 수 있다. 유익하면서 재미도 있다.

National Geographic Kids

내셔널 지오그래픽에서 아이들을 위해 만든 채널이다. 과학, 자연 등에 대한 지적호기심을 충족시켜 줄 수 있다. 책으로도 나와 있다.

Free School

우주나 동물, 해양생물 등 다양한 주제에 대한 지식을 얻을 수 있다. 영상미가 굉장히 좋고 주제 분류도 잘 되어 있어서 아이들이 보기에 좋다.

추천 넷플릭스 프로그램

The InBESTigators

호주의 어린이 드라마이다. 귀여운 아이들이 탐정이 되어서 여러 가지 사건을 해결해 나가는 에피소드로 구성되어 있다.

The Baby Sitters Club

유명 베스트셀러가 원작이다. 아르바이트를 하기 위해 베이비시터 클럽을 만든 다섯 명의 7학년 소녀들이 베이비시터 경험을 하며 성장해 나가는 이야기다. 우정, 사랑, 용기 등 이 시기의 여자아이들이 겪을 법한 소재들을 따뜻하게 다루고 있다.

Emily's Wonder Lab

에밀리가 아이들의 수준에 맞춰 친절하고 재미있게 과학을 설명해 준다. 다양한 실험을 통해서 호기심을 해결할 수 있다.

Brainchild

감정, SNS, 우주까지 일상의 다양한 주제를 과학적으로 재미있게 설명한다. 굉장히 유쾌하고 창의적인 내용의 과학 쇼이다.

Odd Squad

오드 스쿼드 요원들이 재치와 수학 실력을 발휘해서 여러 가지 사건을 해결하는 내용이다. 제목처럼 엉뚱한 일들이 발생하고 그것을 해결해 나가는 과정이 재미있다. 영화로도 만들어졌을 만큼 인기가 많은 시리즈이다.

The Worst Witch

한국어판으로 《꼴지 마녀 밀드레드》로 알려져 있다. 주인공 밀드레드가 마법 학교에서 마녀가 되기 위해 겪는 다양한 에피소드를 담고 있다. 판타지를 좋아하는 아이들이 보기 좋다. 책도 나와 있어서 연계 독서를 하기에도 좋다.

Pup Academy

강아지들이 주인공인 드라마이다. 특별한 학교에 모인 강아지들이 인간과 친구가 되는 법을 배우는 내용이다. 따뜻하고 사랑스러운 에피소드로 구성되어 있다.

The Magic School Bus

책으로도 정말 유명한 《신기한 스쿨버스》 시리즈이다. 프리즐 선생님과 아이들이 매직 스쿨버스를 타고 신비한 모험을 떠나는 이야기이다. 과학 지식을 재미있게 쌓을 수 있다.

Izzy's Koala World

주인공 이지가 가족과 함께 도움이 필요한 코알라를 구조해서 보살펴 준 후에 다시 자연으로 돌려보내는 리얼 다큐 프로그램이다.

그 외 유용한 사이트

TED-Ed

전 세계적으로 유명한 무료 강연회이다. 가치 있는 아이디어를 널리 알리는 것을 목표로 하고 있는 TED에서 제공하는 교육용 채널이다. TED보다 영상의 길이가 짧고 좀 더 학생들이 보기에 적합한 영상들이 많다. TED-Ed 홈페이지나 유튜브에서 시청 가능하다.

Khan Academy

세계적인 수준의 교육을 누구에게나 무료로 제공하는 것을 목표로 양질의 교육을 무료로 제공하고 있다. 초등부터 고등과정까지 수학, 과학, 인문학 등 다양한 과목을 배울 수 있고 SAT 준비도 할 수 있다. (언어 설정을 영어로 해야 다 보인다.) 아직 어린 아이는 'Khan Academy Kids' 앱을 설치해서 영어로 수학, 알파벳, 색깔 등을 수준에 맞게 공부할 수도 있다.

Learn English Kids(British Council)

영국 문화원에서 제공하는 무료 영어 학습 사이트이다. 메뉴에서 각 영역별로 자료를 선택해서 볼 수도 있고, 'Parents-Resources'로 들어가면 다양한 자료를 종류별, 주제별, 레벨별로 볼 수있다. 활동 자료도 내려받을 수 있는 아주 유용한 영어 교육 사이트이다. 청소년이나 성인 대상의 사이트도 따로 운영하고 있다.